CW01653898

никея

Светлая проза

Протоиерей
Даниил
Азизов

Мелодия для Бога

О Церкви как о первой любви

Москва • «Никея» • 2022

Допущено к распространению
Издательским советом
Русской Православной Церкви
ИС Р22-124-0575

ISBN 978-5-907457-70-6

© Азизов Д. С., 2022
© ООО ТД «Никея», 2022

Содержание

ЧАСТЬ 2

ЧАСТЬ 3

Предисловие

С тихой радостью читаю книгу отца Даниила «Мелодия для Бога». Писать о жизни Церкви стало популярным, можно сказать, что сегодня церковная тема – одна из самых обсуждаемых и в прессе, и в блогах , и социальных сетях. Встречая яркий, кричащий заголовок, сразу думаешь: «Ну, церковь, чем сегодня удивишь? Какие страшные тайны своих служителей будут открыты? О каких новых скандалах мы узнаем?».

С отцом Даниилом меня связывает очень тёплое многолетние знакомство, и я сразу согласился прочитать его книгу и написать предисловие. С первых же страниц я погрузился в свою радостную светлую церковную юность. Отец Даниил боится сравнивать себя с Лесковым, но это сравнение приходит само собой. И дело не в сопоставлении таланта великого русского писателя и обычного русского священника, нашего современника, а во взгляде на родную Церковь, в интонации, полной любви, иронии, снисхождения, грусти.

Отец Даниил пишет о Церкви, как и своей первой любви, которую он не растерял, которая не потухла, которую он сохранил, которой он живёт. И это чувство очень радостно отзывается в моем сердце. Когда я читаю его небольшие рассказики, я словно узнаю всех тех, о ком он пишет:

старые священники и дьяконы еще советских времён, церковные старушки, от которых нам всем доставалось, приходские чудаки и чудачки, которых мы принимали чуть ли не за святых. И при этом нет ни слащавости, ни сюсюканья, но вместо этого – часто доброе снисхождение, ирония, а подчас и горечь.

Сегодня в церкви чаще встретишь прагматика, а не романтика. Все чаще говорят о расцерковлении, о разочаровании. Эта книга о любви, о надежде, о том, как Церковь живёт в нас, а мы в Ней.

Протоиерей Алексей Уминский,
писатель и публицист,
настоятель храма Живоначальной Троицы
в Хохлах г. Москвы

От автора

Вся жизнь состоит из мгновений, которые остаются в памяти с раннего детства. Достаточно закрыть глаза, мысленно перенестись в прошлое, и порой кажется, что можно вспомнить почти все. В детстве и юности есть особые ощущения, которые не забываются до конца жизни. Можно не помнить, что было на ужин вчера, забыть лица и имена, случайные встречи... Но память хранит те события, которые переполняли наши сердца, наполняли душу эмоциями, заставляя потом с трепетом погружаться в них. Первые чувства, переживания, мечты и события для нас особенно важны. Совершая мысленно путешествия в прошлое, мы словно погружаемся в омут памяти, извлекая из него любимые запахи, мелодии, интонации, которые иногда более реальны, чем сегодняшняя действительность.

Мы также помним и разочарования. К примеру, в друзьях. В молодости кажется, что их много, хотя на самом деле настоящих – единицы, что, собственно, совершенно естественно. Порой мы удивляемся своей наивности, с которой в молодости воспринимали жизнь. Из таких условных пазлов состоит наша память. Со временем взлеты и падения формируют наш жизненный опыт. Важным в нашем прошлом, настоящем и будущем являются люди, которых мы встречаем. Благодаря им мы получаем полезные уроки. В течение всего земного бытия именно люди являются нашими учителями. Учителями можно смело называть не только тех, кто был близок, добр, снисходителен к нам, но и тех, кто таковым вовсе не являлся, на кого возлагались надежды, которые не оправдались в дальнейшем.

Все они и есть наши добрые наставники, благодаря которым мы умеем отличать настоящее от наносного.

Слава Богу, жизнь сложилась так, что положительных героев на моем пути оказалось больше. Потому и родилась идея вспомнить ярких людей и обратиться к событиям прошлого. К сожалению, обо всех героях и жизненных ситуациях написать невозможно, ибо таковых немало.

Но начало положено этой маленькой книгой...

Благодарности

Такое множество людей внесли свой вклад в той или иной степени в создание этой книги, напрямую или через полученное от них вдохновение, что мне бы понадобилась еще одна глава, чтобы просто перечислить их. Я выражаю огромнейшее признание всем им.

В первую очередь приношу благодарность руководству и сотрудникам издательства «Никея», которые сочли возможным издать книгу. Искренне и от всего сердца выражаю благодарность митрополиту Ростовскому и Новочеркасскому Меркурию, человеку, все всякого сомнения, талантливому, выпустившему не одну книгу. Они читаются на одном дыхании и послужили вдохновением в моей работе.

Благодарю сотрудника информационного отдела Ростовской епархии Грибова Сергея за его многолетнюю поддержку в нашей совместной работе. Большая часть фотографий принадлежит его авторству. А также Игоря Петровского, пресс-секретаря главы Донской митрополии, — отдельные мои тексты напечатаны в виде статей на страницах журнала «Вестник Донской митрополии», где Игорь Павлович является бессменным главным редактором.

Хочу поблагодарить моих коллег и собратий: моих однокурсников и друзей еще с семинарской скамьи и многих других за незабываемые эмоции и многолетнюю дружбу; архиепископа Якутского и Ленского Романа, который любезно согласился просмотреть часть материала и дал ряд важных рекомендаций и корректив в описании нашей семинарии; моего давнего друга протоиерея Олега Добринского за то, что помог восполнить пробелы в ряде рассказов, когда моей памяти не хватало; Петра Геворгизова – настоящего патриота-ассирийца, который помог восстановить историю под названием «Беженцы».

Также благодарю иеромонаха Викентия (Свистунова), на протяжении многих месяцев читавшего и перечитывавшего книгу в процессе работы, предлагавшего свои неоценимые рекомендации и критические замечания.

ЧАСТЬ 1
Лики и лица

Всякий раз, когда перечитываешь Лескова, его описания жизни и бытия духовенства, ловишь себя на мысли, что именно эти части произведений можно перечитывать многократно. В них запечатлены образы исторических личностей в обычной, повседневной жизни, без лишнего пафоса, в обстановке и ситуациях, которые не попадают в официальные исторические документы. Конечно, автор не раз подвергался критике, но она осталась на бумаге... А мы имеем замечательные литературные портреты видных иерархов Церкви и простых клириков. Мне и в голову не приходит сравнивать себя с Лесковым. Просто подумалось, что такие очерки – это маленькие штрихи к образу тех, кто отозвался в моем юношеском сердце примером служения и христианской любви.

Первый архиерей

Владимир (Сабодан) был первым митрополитом в моей жизни, за которым мне посчастливилось с восхищением наблюдать. Мы – соборная молодежь того периода – были совершенно обычными, почти ничем не отличающимися от молодежи сегодняшней. Те же разговоры после службы, байки, истории, обрастающие легендами. Единственный, кто не подвергался обсуждениям, был архиерей. Да-да! Наверное, в это сегодня трудно поверить, но о нашем митрополите говорили только с почтением и благоговением.

Правда, была одна особенность, которая присуща в целом русскому народу: это абсолютная идеализация иерархов, восприятие их как небожителей. Чтобы в этом удостовериться, надо открыть книги русских классиков, пишущих о духовенстве, познакомиться с воспоминаниями, и мы поймем, что преосвященные архипастыри зачастую страдали от того, что не с кем было поговорить без формальностей, панегириков и умильных улыбок. Я же, как прилежный воспитанник пожилых соборных прихожанок, впитал весь их фольклор. Мое благоговение перед митрополитом переходило в некий страх, сохранявшийся очень долго: при виде его я окончательно и бесповоротно терялся, превращаясь в немого.

Настал день, когда мне было предложено пойти к архиерею за благословением служить в алтаре. Как себя вести, как и что говорить, я не знал. На помощь мне пришли старушки. Они научили, чтоб первым делом, войдя в кабинет, сделал архиерею земной поклон, потом приложился к руке и уж после этого испросил разрешения алтарничать в «святая святых». В приемный день я пришел в епархиальное управление в числе первых. По мере прибытия духовенства я понимал, что быстро мне в кабинет не попасть. Приезжали маститые священники, которые были, естественно, в приоритете. Все это время я волновался и ужасно переживал. Наконец уже во второй половине дня меня позвали.

Пока я шел к двери кабинета, то судорожно пытался собраться и вспомнить, что должно следовать за чем. Войдя, я увидел владыку, сидящего за столом, и, подобно сраженной наповал дичи, рухнул к его ногам. Теперь нужно было поцеловать руку, что я блестяще исполнил. Осталось самое сложное – внятно изложить причину моего посещения.

Сегодня я вспоминаю его взгляд и представляю, что он мог обо мне подумать. На его месте я бы решил, что человек либо юродствует, либо у него действительно не все в порядке с головой... И все же он благословил мое нахождение в алтаре, где мне предстояло читать горы записок, помогать в уборке и много чего еще делать, пока меня не призвали к иподиаконскому послушанию. Это было вожделенным и долгожданным событием. Теперь я мог надевать подрясник и стихарь, но – самое главное – на службах быть в непосредственной близости от архипастыря.

В то время сложно было услышать ярких проповедников, поскольку духовенства было ничтожно мало, многие были замечательными пастырями, но в силу объективных причин не имели должного образования и проповеднических навыков.

По окончании школы был небольшой перерыв в несколько лет, когда я готовился к поступлению в семинарию и полностью погрузился в свои первые церковные обязанности. В это время в архиерейский дом искали дежурного, который должен был находиться там круглые сутки два раза в неделю. Мне была предложена эта работа, и конечно, я не мог отказаться. Подошли с новым кандидатом, то есть со мной, к владыке. Он немного колебался, поскольку я уже был занят на послушаниях. Но спросил: «А твоя мама не будет против?» Я ответил, что не будет.

И вот я дома у митрополита – у меня появилась уникальная возможность видеть легендарного церковного деятеля в неформальной обстановке. Мне объяснили обязанности. В доме жила матушка Любовь Ульяновна Концевич, вдова протоиерея Максима. Это была подтянутая пожилая дама, напоминавшая английскую леди. В прошлом она хорошо знала семью Сабодан, еще по Украине. Была близка с мамой митрополита. Когда мама владыки умерла, а Любовь Ульяновна похоронила своего супруга, владыка пригласил ее заведовать всем хозяйством в архиерейском доме. Одета она была безупречно: туфли на достаточно высоком для ее возраста каблуке, белая блуза, строгая юбка и пиджак, изящно повязанный платок. В ней было все прекрасно, но было одно но... Она управляла хозяйством и была очень требовательна. Естественно, я сразу же попал в ее поле зрения. Владыки часто не бывало дома: то он отправлялся в Москву, то, как экзарх, уезжал в Европу. В дни отсутствия хозяина дома для всех обязательно находилась работа. В перерывах матушка Любовь спрашивала обо мне, моих родителях. Сначала это было похоже на допрос. Со временем мы нашли общий язык, что было непросто, и вот мы с ней уже пьем вместе чай. Затем она научила меня подшивать воротнички на рясах митрополита.

Высшей формой доверия стали совместные походы на рынок; особенно запомнился эпизод, когда мы выбирали огурцы для засолки. Я не догадывался, что это такой сложный и утомительный процесс, – иной раз люди быстрее делают покупки на рынке недвижимости. Долго выбирали огурцы, жара, невыносимо хочется пить – и вот наконец матушка путем тщательной пальпации огурцов нашла то что надо. За прилавком – сельская простая женщина. Начали взвешивать... И вдруг продавщица огурцов, не удержав восторга, что покупают у нее много, ляпнула: «Бабушка, берите огурчики, не пожалеете...»

Любови Ульяновне было достаточно доли секунды, чтобы принять волевое решение в ответ на жестокое оскорбление. Я понял: огурцы мы брать не будем, а значит, поиски продолжатся с самого начала. В этом была она вся. Но знаю, что она всегда хорошо отзывалась обо мне в разговоре с владыкой.

Когда он приезжал в Ростов, все оживало и наполнялось праздничным настроением. По утрам владыка выходил во двор с секатором и подрезал свои любимые розы. Занимался цветами довольно долго, это явно доставляло ему удовольствие. После он срезал букет и шел в комнату, где раньше жила его мама, ставил эти цветы перед ее портретом и у иконы. Эта комната стала мемориальной, в ней никогда никто не жил.

Еще архиерей любил ловить рыбу. Если выпадал редкий свободный день, он брал снасти, и водитель вез его в места, только им одним ведомые, где высокопреосвященнейший рыбак проводил время за любимым делом и в думах.

Однажды в погожий день он вышел к машине, чтобы ехать на рыбалку. Остановился, постоял. Видно было, что у него хорошее настроение. И вдруг спрашивает у меня:

– Ну что, Даниил, как думаешь, погода будет хорошей?

– Как благословите, владыка.

Второй раз я увидел этот взгляд. Полный сожаления и разочарования. Как ни покажется странным, но я тоже почувствовал, что владыка ждал простого человеческого ответа. Но... ничего не поделаешь, многие из нас сотканы из странных предрассудков и неверных представлений.

Последняя встреча была непродолжительной, но очень теплой. Тогда владыка уже был избран митрополитом Киевским и всея Украины. Коротко он спросил о моем поступлении в семинарию. Мне очень много хотелось ему сказать. Я, конечно, понимал, что я – тот «добрый зритель в 9-м ряду», который смотрел, учился, благоговел, но это происходило лишь на почтительном расстоянии. И не знаю почему – я неожиданно попросил у него прощения. Вспомнил свою робость, доходящую до отупения, и слепое следование церковному этикету взамен человеческого общения. Поблагодарил за наставления, которые я получал просто находясь рядом с ним. Эти уроки я брал от него сам, глядя на его служение, слушая проповеди, обращая внимание на детали архиерейской жизни. Он выслушал меня и был приятно удивлен, что я сумел сформулировать мысли и облечь все это в понятную словесную конструкцию. Он улыбнулся, обнял меня и оставил на память свой настольный портрет, который до сих пор напоминает мне о нем...

История одного омовения рук

Когда архимандрит Азовский Сергий (Полеткин) был рукоположен в сан епископа, у меня появилось постоянное иподиаконское место. Я был его книгодержцем. Часто приходилось сопровождать его с командой в поездках по епархии. Ездить мы очень любили, поскольку это хоть и небольшое, но путешествие по области, разнообразие в общении, по окончании литургии хлебосольные настоятели вкусно кормили и еще могли дать от щедрости немного денег за труды, что всегда было не лишним. В одну из таких поездок выяснилось, что иподиаконов недостаточно, поскольку правящий архиерей уехал в Новочеркасск, а значит, основной состав отправился с ним. Епископ Сергий должен был в этот день посетить дальний районный центр на краю области. Было решено: я и еще один коллега будем за старших, остальных мы должны были найти среди деревенских алтарников. Конечно, приятно выступать в качестве старшего, но нехватка кадров нас немного тревожила. Когда ты из года в год участвуешь в архиерейских богослужениях, то практически все делается на автомате, поскольку последовательность известна. Но самонадеянность никогда не заканчивается благополучно. Даже у старейших служителей бывают провалы в памяти, забывчивость, которая приводит к курьезам, а иногда и неприятностям.

Итак, мы прибыли на приход задолго до приезда викария. Надо было подготовить все необходимое для службы. Найти помощников из алтарников на сельском приходе не так просто. Кое-как отыскали несколько человек, которым нужно было в сжатое время рассказать, что нужно знать тому, кто стоит с жезлом или свечой. Я отыскал юного пономаря, которому пытался объяснить вектор его деятельности. Он в числе прочего должен был вынести кувшин для омовения рук архиерея. Так как вода была ледяной, я порекомендовал ему добавить немного горячей воды, чтобы она была не ужасающе холодной. Мальчик был несказанно рад тому, что будет задействован на архиерейской службе. Рад он, конечно, был, но не было уверенности, что вместе с радостью пришло полное понимание, чего от него хотят. Через минуту после инструктажа он уже скрылся из поля зрения — пошел по храму и с чувством значимости сообщал знакомым прихожанам о возложенной миссии.

Встретили архиерея. Хор запел неплохими в прошлом голосами. Диаконы читают входные молитвы. Епископ взошел на кафедру, расположенную посередине храма. После облачения началась литургия. И вот мы выходим из алтаря втроем, один из нас — тот самый юноша, он держит в руках кувшин, из которого мы будем символически лить воду на руки архиерею.

Мальчишка выходит на середину храма, ослепленный собственным дебютом, ищет глазами своих знакомых, ожидая их умилительной реакции на происходящее. Мы подошли к владыке, мой коллега взял кувшин за ручку и начал лить на руки. Это было как будто из произведения Эдгара По – мастера ужасных и мистических рассказов. Из кувшина вырвались клубы пара, и на руки владыки обрушился кипяток. Это наш юный дебютант не совсем понял мой наказ сделать теплую воду. Дело в том, что словом «теплота» именуется крутой кипяток, который используется после совершения литургии. Наверное, нам всем повезло, что это происходило в центре храма. Архиерей закусил губы, мы втянули шеи, как виноватые рептилии. В течение всей службы пострадавший епископ потирал обваренные руки, которые были в пятнах и напоминали лапы леопарда. Нам удалось избежать наказания, поскольку по окончании литургии гостеприимные настоятель и прихожане закрутили Преосвященного в карусели своей сельской непосредственной любви и почтения к высокому гостю.

А для нас это стало хорошим уроком: отправляясь в дальние места, мы более не надеялись на разного рода «помощников» и все проверяли лично.

Потому как всякое может случиться...

Часовой механизм служения

Хороший соборный протодиакон всегда является предметом гордости архиерея и украшением богослужения. Именно таким был отец Иоанн Царюк. Не помню, чтобы кто-то назвал его стариком, хотя наше поколение застало его достаточно пожилым человеком. Высокий, широкоплечий, со слегка недовольным взглядом – это была часть его образа.

Его стать, движения и манеры подтверждали его значимость в церковных торжествах и богослужениях. Он был одним из плеяды старого духовенства, из чего следовало, что даже в обычной жизни, в светском костюме, в нем безошибочно угадывался интеллигент. Аккуратно подстрижены усы и небольшая бородка, до блеска начищены туфли, аккуратный костюм и непременно шляпа. Для полного образа, к примеру, чеховского героя не хватало протодиакону трости и пенсне. В нем было все органично и складно, и это, несомненно, влекло к нему людей.

К слову сказать, в соборных храмах у ряда священников – впрочем, как раньше, так и сейчас – были свои почитатели. У протодиакона тоже была группа прихожан, которые его опекали и были верными поклонниками его таланта. А талант был большой: он обладал идеальным слухом и голосом, который с возрастом не слабел.

Он был крайне раним, обидчив, поэтому, общаясь с ним, необходимо было хорошо подумать, прежде чем что-либо сказать.

Но даже такая детская обидчивость и чувство превосходства совсем его не портили, а, наоборот, вписывались в многосложный образ. Те молодые диаконы и священники, которые проходили практику в соборе под неусыпным оком протодиакона, получили немало полезного.

Новый человек, попадая в алтарь, не мог миновать знакомства с отцом Иоанном, которое начиналось с опроса. Конечно, вопросы задавались не по Марселю Прусту. Он, как бы невзначай, делал несколько шагов боком при приближении к объекту, для привлечения внимания ему требовалось слегка кашлянуть басом, и далее начиналось: сколько лет, откуда родом, где учишься или работаешь, каким голосом поешь, басом или тенором (ударение делал на букву «о» в слове «тенор»), и самый важный пункт — с кем из духовенства состоишь в родстве?

Если собеседник проходил такой своеобразный блиц-экзамен, то можно было считать, что знакомство состоялось и в будущем его поддержка и расположение гарантированы.

Бывали случаи, когда кто-то по неосторожности или невоспитанности говорил что-нибудь нелестное в его адрес, и тогда таковой рисковал превратиться в соляной столп — абсолютное равнодушие к твоей персоне было гарантировано, а если вдруг ты попадался на пути, испепеляющий взгляд был обеспечен.

Безусловно, ему не было равных, да, собственно, никто и не дерзал претендовать на первенство, потому что он был такой один, неповторимый.

Однажды в нашу епархию прибыл архиепископ Краснодарский и Кубанский Исидор (Кириченко). Кажется, это был престольный праздник нашего собора. Вместе с архиереем приехал его протодиакон Сергий. Он был молодой и такой же фактурный, как и его ростовский коллега. Единственное, в чем он уступал отцу Иоанну, так это в росте, но компенсировал этот недостаток широтой в плечах. Все в алтаре, включая самих архиереев, понимали, что предстоит служение двух тяжеловесов — как бой двух титанов. Наступил праздничный день. Началась литургия. Для меня, юноши, который ловил каждое слово и движение священнослужителей, особенно в такие праздничные дни, было все важно и интересно. А уж такую службу пропустить для меня было непростительно. Говоря о служащих вместе протодиаконах, могу сказать, что услышанное мной можно было сравнить с оленьим гоном. Оба были великолепны. Отец Сергий обладал не менее густым басом. На выкличке и многолетиях, когда необходимы особые усилия, было видно, как их грудные клетки ходили, как меха в кузнице. При этом за всей этой внешней стороной, в которой присутствовал, наверное, элемент соперничества и рисовки, несомненно, была и глубокая церковность, работа над собой, любовь к богослужению и благоговение.

Наш протодиакон никогда не приступал к богослужению без подготовки, хотя службу знал прекрасно. Он всегда заранее приходил в алтарь, не доверяя молодым, сам просматривал Евангельское чтение. Если случалось величание, то была обязательно краткая репетиция с поющими священниками.

Да, такие люди, как протодиакон, поистине украшают церковное богослужение. Важно, чтобы все его элементы соответствовали друг другу, как в сложном часовом механизме. Это сродни слаженной работе врачей во время операции. Там есть ведущий хирург, есть анестезиолог, медсестры и много другого персонала. Важно, чтобы весь этот коллектив имел хороший уровень подготовки и квалификации, и от этого будет зависеть результат. В церковном служении также необходимы профессионалы, которые любят свой жизненный выбор. Период, о котором я вспоминаю, был богат на таких людей. То было время особых священнослужителей, обладающих большим доверием народа.

Шли годы. Протодиакон старел, хотя мог бы еще служить. Однажды я навестил его, чему он, кажется, был рад. Когда я вошел внутрь его двора, перед моим взором открылся маленький, но очень милый сад. Создавалось впечатление, что ты попал в кукольный мир. Все было к месту, везде была видна его рука. Подвязан каждый кустик, камни и основания плодовых деревьев покрашены белой краской. В доме та же картина: уют, чистота и безупречный порядок. Таким образом, в доме отца Иоанна все свидетельствовало о принадлежности своему хозяину.

Я недолго погостил у него, мы тепло попрощались, как оказалось, уже навсегда. Уже будучи студентом семинарии, я узнал о его смерти и похоронах, которые прошли, к сожалению, в какой-то спешке, что было при жизни ему так несвойственно!

Блаженны кроткие

Иеродиакон Зиновий (Щербина) – прямая противоположность протодиакону Иоанну. Они были всегда в первой диаконской паре. Глядя на него и отца протодиакона, я думал: Господь подбирает для совместного служения противоположные характеры. Если бы у отца Зиновия случалось хоть двадцать процентов эмоциональных всплесков его коллеги, то, думаю, они бы не просуществовали вместе так долго, совершая свое служение. А так – они действовали по правилам, которые оба принимали. Один доминировал и снисходил, другой подчинялся и по-монашески, со смирением принимал первенство и авторитет протодиакона. Отец иеродиакон был неотъемлемой частью собора. Не любил выделяться, не читал нотации, и если позволял себе кого-нибудь вразумлять, то делал это иносказательно, с улыбкой. Потому даже его тихий укор не воспринимался как оскорбительный.

Он был постриженником глинских старцев. Когда удалось увидеть фото, где были запечатлены старцы, среди которых находился и Зиновий, то создалось впечатление их внешней схожести. Было нечто общее, что их объединяло, – особый монашеский дух, аскеза и традиции, присущие выходцам из Глинской пустыни.

Как и все священнослужители того времени, он был чрезвычайно ответственным и исполнительным. Встретив его на улице в повседневной жизни, можно было подумать, что его случайно сюда занесла машина времени из периода НЭПа. Ведь так никто больше не одевался. Помню, как непросто ему давались длительные архиерейские службы. Он страдал диабетом, ему постоянно хотелось пить, а пить он мог только после окончания литургии.

Мне нравилось слушать его незатейливые рассказы, воспоминания и истории из жизни подвижников. Одно осложняло общение с ним – его манера говорить тихо, как будто в бороду. Хотя это отчасти создавало впечатление таинственности. К концу своей жизни отец Зиновий принял великую схиму с именем Захария. Но в памяти многих остался с тем именем, которое мы хорошо знали.

Не все так просто

Не ошибусь, если буду утверждать, что нет в нашей епархии клирика, рукоположенного до нулевых годов, который не знал бы диакона Владимира Дикарева. Мне даже кажется, что если бы отца Владимира не существовало, то лицо епархии было бы иным. Кажется, что он был всегда. Он помнил митрополита Вениамина (Федченкова), он был иподиаконом у тех архиереев, которые захоронены ныне за алтарной стеной кафедрального собора. Диакон, который всегда служил первым иподиаконом ростовских святителей, был неотъемлемой частью богослужения.

Меня, как и других молодых людей, встававших на путь иподиаконского послушания, жизнь свела с ним. Отношения с отцом Владимиром у нас складывались по-разному, но, безусловно, общение с ним было опытом, который в жизни бывает весьма важен. Сказать, что он был «человеком обязательным», – ничего не сказать. Иногда эта «обязательность» имела довольно странные формы, но с этим приходилось смиряться и принимать как данность.

Помню одну из многих совместных поездок...

Архиерей ехал служить на север области. Служба была назначена на 9 утра. От Ростова-на-Дону ехать часа два с половиной. Вставать нужно было рано, и мы рассчитывали выехать пораньше, около пяти. Но судьба распорядилась иначе, и отец Владимир решил отправиться в путь в половине третьего ночи. Никакие мольбы водителя и наши не смогли убедить диакона: его железным аргументом было: «Мало ли что может по дороге случиться!..»

И вот это самое «мало ли что» в этот раз таки случилось. Был гололед и снежная каша, и наша «Волга» попала в яму, заполненную ледяной водой. Выбраться не удавалось, и протодиакон изрек свежую идею: всем выходить из авто и толкать. Естественно, под «всеми» он подразумевал всех, кроме себя и водителя. Толкали с комсомольским задором, меня поставили сзади. Отец Владимир, закутавшись из страха простуды, как пленный наполеоновский солдат, пристроился сбоку. Остальные — по бортам. Я был в подряснике и в легких туфлях. Основная масса толкателей были молоды, поэтому спасти авто не составило труда. Машина выскочила из глубокой ледяной лужи, а я, находившийся сзади, по пояс оказался в ней...

По дороге мы слушали рассказы отца Владимира о том, как вредно для здоровья переохлаждаться. На удивление, я не заболел. Молодой организм сумел справиться сам...

Еще отца Владимира отличала суетливость и склонность к панике, особенно если что-то начинало идти не так, как он предполагал. Кто ездил с ним на службы, тот хорошо знал, что такое «покрышки». Это сшитые накидки на подносы, которые необходимы на богослужении. Так вот, любая поездка на приход — это скрупулезные сборы. В чемоданы кладется все, что может пригодиться на архиерейской службе. В том числе «покрышки».

После богослужения, по традиции, все шли к столу. Ну а после стола всегда сложно сосредоточиться и в хаосе собрать вещи в чемодан так же, как и было. Иногда, возвращаясь в собор и распаковываясь, отец Владимир находил недостачу. Часто забывали эти самые «покрышки». Он неистовствовал, ну а мы испытывали чувство вины, словно предали Родину. После долгого разбирательства он успокаивался, звонил настоятелю храма, где были забыты вещи, и их благополучно доставляли через несколько дней.

Иподиаконы общаются между собой во время службы посредством особого языка. Не знаю, кем и когда он был изобретен, но пользовались мы им постоянно. Со стороны людям было незаметно, а если и заметно, то непонятно, что за птичьи звуки мы извлекали из себя. Это был хоть и примитивный, но язык. Окликать кого-то по имени и что-либо объяснять было не принято. Чтобы привлечь внимание отвлекшегося, отец Владимир сначала тихо произносил: «Тсс». Если его не слышали, то «Тсссссс» становилось громче. Потом — звучало почти неистово. И когда взгляды встречались, то в ход шла богатейшая мимика, которая могла бы, наверное, устрашить любого.

Несмотря на свой возраст, отец диакон был виртуозом в раскладывании орлецов. Иногда он их раскладывал непосредственно перед архиереем, совершающим каждение, с мастерством и такой ловкостью, что орлец падал точно под ноги владыке. Но в этом случае, конечно же, следовал разнос иподиаконскому составу, если они не успевали вовремя расстелить орлецы, и он, рискуя собой, должен был решать эту проблему.

Я испытываю чувство благодарности к отцу Владимиру, когда вспоминаю время моей иподиаконской юности, хотя, повторюсь, во взаимоотношениях с ним не все было безоблачно, но школа, к которой я был причастен, оказалась весьма полезной. Позднее я узнал причину его нервного состояния. У них с супругой Алевтиной был сын Сергей. Он был нездоров психически. Будучи буйным, он доставлял родителям массу сложностей. Потому для них светом в окне было пребывание в храме. Теперь я думаю, что ежедневное раннее прибытие отца Владимира в храм задолго до литургии позволяло ему немного прийти в себя от эмоционального стресса, в котором он жил, сосредоточиться на предстоящем богослужении.

С его уходом из жизни закончилась эпоха бессменного старшего иподиакона, школу которого прошли многие поколения нашего духовенства.

Странник Михаил

Случалось ли вам общаться с людьми не от мира сего? А с теми, кого в старину называли «странниками», «юродивыми»?

Такого человека мне посчастливилось встретить в своей жизни. После первой встречи с ним я, кроме страха, не испытал ничего. Все началось с похода в воскресный день на рынок, куда меня регулярно брала бабушка. Хоть я был маленьким, но сумку – а то и две – за бабушкой мне приходилось нести, когда она с ловкостью ледокола прочесывала ряды с базарными товарами и пререкалась с продавцами. Эта повинность была неминуема и занимала очень много времени. Рынок, как и сейчас, располагался на Соборной площади.

Кафедральный собор с покрашенными зеленой краской куполами всегда меня привлекал. Но в семье никто туда не ходил, поэтому попасть внутрь не представлялось возможным. И вот однажды бабушка принимает волевое решение зайти в храм по дороге на рынок. Когда она вслух сообщила о предстоящем посещении, я усомнился в том, что с ней все в порядке. Она объяснила: «Надо поставить свечи, чтобы у бабушки ноги не болели и чтобы все было хорошо!»

Это была волнительная минута, так как церковное пространство мной еще не было изведано, но тяга к исследованию оного была велика.

В притворе мне были вручены свечи, которые я должен был поставить Божией Матери, Николаю Угоднику и Пантелеимону Целителю. Также было изложено, что конкретно, по мнению бабушки, я должен был попросить у святых, так как детская молитва — особо действенная. С бабушкиным заданием я вступил в собор. Трудно передать ощущения, которые меня захватили в этот момент целиком. Все мои рецепторы — обонятельные, слуховые, зрительные — были напряжены до предела. Итак, будущий пионер был всецело пленен храмом...

Это была воскресная литургия, народу было много. Через головы старушек мне удалось разглядеть сидящего в кресле пожилого человека в «короне» (митре). Я даже не успел спросить бабушку, как она сама сообщила мне, что это «главный поп». И да, как оказалось, это действительно был архиепископ Иоасаф (Овсянников).

Потом, помню, мы продвигались вглубь, к подсвечникам, и вдруг... О Боже! Мы наткнулись на того, кто в снах потом мне являлся еще очень долгое время. Это был гном или карлик, а может, и то и другое. Он сидел на складном стуле в одежде до пола. Огромная борода и взгляд, от которого можно ненадолго потерять способность говорить.

Потом все начали петь «Верую», и тут — запел он. Он пел невероятно эмоционально, громко, басом, при этом выкатывал глаза и широко крестился. Надо сказать, что сковавший меня страх и вместе с этим любопытство не давали мне отвести от него взгляд.

Бабушка вывела меня из оцепенения, одернув, так как надо было идти. Но «карлик» нас остановил и сказал, что ходить сейчас нельзя. Его «нельзя» для моей бабушки было несущественным, и мы продолжили продвигаться к выходу. Его обращение к нам мне казалось чем-то из ряда вон выходящим, будто оживший сказочный герой покинул свой вымышленный мир, чтобы сообщить нам что-то важное. Потом я долго вспоминал этого человека, и бабушка сказала, что для эмоционального ребенка подобные походы в церковь не нужны. Это было мое первое впечатление от знакомства с отцом Михаилом.

Спустя годы я стал прихожанином собора, затем меня пригласили в алтарь. Там было средоточие моей жизни. Первые послушания, начиная с уборки, воспринимались как особый дар. Но самым интересным в это время были люди! Люди разных темпераментов и характеров, с различными представлениями о жизни. Но всех их объединяла Церковь и наш ростовский собор.

Вот здесь-то, в алтаре ростовского кафедрального собора, мне и довелось вновь встретить отца Михаила. Был ли он священником, доподлинно не известно, однако его всегда называли «отцом Михаилом». Фамилия его и по сей день также остается загадкой. Он уже не вызывал во мне трепета и ужаса. К нему у меня сформировались два чувства: глубокого почтения и интереса. Бывал в алтаре он нечасто, так как много ездил по монастырям и храмам. Как правило, присутствовал на богослужениях, которые возглавлял митрополит Владимир (Сабодан). У них были очень добрые взаимоотношения. Часто после службы владыка приглашал отца Михаила в свое авто, и они ехали домой к архиерею на трапезу. Кажется, что его тогда знали все в нашей Русской Церкви...

Так вот, появление в алтаре отца Михаила всегда привлекало внимание. Он входил в алтарь в своей черной бархатной рясе с нашитыми на нее огромными пуговицами, как у Пьеро из сказки «Буратино». А вместе с ним в алтарь громко врывался аромат розового масла — «Болгарская роза».

В то время это масло было дефицитным, но у отца Михаила его было, видимо, запасено немало, и он обильно умащал себя им. На службах он обычно читал Апостол. Это было действо, которое приковывало всеобщее внимание. Он выходил из алтаря вразвалку, буквально перекатываясь, высоко держа книгу. Начинал «с низов», явно получая сам удовольствие от того, как читает. После чтения интересовался произведенным им эффектом. Он был, наверное, одним из немногих, кто мог со свойственным ему юродством говорить «ты» соборному архидиакону Иоанну, что выводило того из себя. Но их словесная перепалка не выходила за пределы допустимого. Вслед уходящему протодиакону отец Михаил мог прогудеть басом какую-то фразу, но отец Иоанн не обращал внимания, проходя гордо, не удостаивая его вниманием.

Периодически Михаил по прозвищу Культяпка путешествовал по святым местам необъятного Союза. Хорошо помню день, когда мы узнали о смерти Святейшего Патриарха Пимена. В моем представлении он был вечен... Хотя все понимали, что Патриарх болен, мысль о том, что он умрет, не проскальзывала в моем подростковом сознании.

Смерть Патриарха особенно болезненно коснулась нашего собора, ведь были живы прихожане, которые помнили его по служению в Ростове-на-Дону.

К слову сказать, некоторые держали с ним связь почти до его смерти. Наши прихожанки показывали письма, адресованные им и написанные его рукой. Он периодически передавал им гостинцы через владыку Владимира (Сабодана) с просьбой молиться о нем. Это было особое время чуткого и доверительного общения.

Возвращаясь к дням смерти Патриарха, могу сказать, что всеми верующими ощущалось ожидание чего-то масштабного и очень важного. Должно было состояться избрание на вдовствующий престол нашей Церкви. И естественно, все, начиная от настоятеля нашего собора и заканчивая свечницами, надеялись увидеть Патриархом нашего владыку. Но Бог определил иначе: был избран митрополит Ленинградский Алексий. Небезынтересно знать, где был отец Михаил в эти судьбоносные для Церкви дни. Конечно же, в самом центре событий! Как рассказывали, он прибыл в Троице-Сергиеву лавру. После избрания Патриарха была трапеза для участников Собора. Вот во время этой трапезы отец Михаил и скончался...

Началась долгая история с его погребением. Духовные чада решили везти тело в Псково-Печерский монастырь, чтобы захоронить в пещерах. Но им не удалось сделать так, как запланировали. Прошло около недели, и его привезли в Ростов-на-Дону, где его и отпел отец Олег Добринский в Преображенском приделе кафедрального собора. На отпевании было немного людей.

Так вот тихо-тихо ушел странник в последний свой путь, в финальный пункт назначения — в Вечность...

Возрождение и наследие

Прежде чем перейти к выдающейся личности протоиерея Лазаря Крещановского, рассказ необходимо предварить несколькими штрихами в описании моего служения в городе Новочеркасске.

По возвращении из семинарии в Ростовскую епархию я был назначен штатным клириком Новочеркасского Свято-Вознесенского кафедрального собора, где прослужил пять лет. Это было непростое для страны время, а вместе с тем благодатная почва для миссионерской деятельности Церкви. Постоянно происходили массовые крещения и венчания, храмы были полны людей, и казалось, Православная Русь воскресает.

К большому сожалению, не воспользовавшись благодатным временем, которое нам подарил Бог, мы растратили кредит доверия людей. Думаю, произошло это по причине многих факторов: Церковь не была готова к такому массовому приходу людей; выйдя из советского гетто, где инициатива Церкви не предусматривалась в принципе, она оказалась не способной динамично развиваться.

И все же это время мною воспринималось как обновление. Не хватало дня, поскольку востребованность была невероятная. Служение под началом настоятеля необходимо для начинающего священника, и я рад, что смог пройти этот этап.

Сегодня сразу из-под омофора архиерея молодые пастыри становятся настоятелями, но неопытность, порывы принимать скоропалительные решения и считать их самыми правильными – это удел юности и незрелости.

За пять лет служения в соборе удалось многое узнать, я испытал на себе зависимость от решений настоятеля. Время шло, и меня отправили в командировку в один из храмов Новочеркасска, причем того храма, который пугал меня своим состоянием. Он находился недалеко от собора – и в то же время в месте, которое смело можно назвать окраиной города. Старинный храм святого великомученика Георгия Победоносца. В нем мне предстояло заменить заболевшего настоятеля. Сколько раз мысленно примерял я на себя обязанности настоятеля, сосчитать трудно. И все-таки это назначение меня настораживало, поскольку я служил всегда в соборных храмах, а здесь попал в храм, который был запущен из-за длительной болезни настоятеля и нуждался в серьезном обновлении. Так как опыта руководства у меня не было, будущие обязанности приводили меня в трепет.

Замечательно, когда у тебя есть здравые и адекватные друзья. А если они еще и твои коллеги – это вообще подарок судьбы. Мне на помощь пришел мой друг и по совместительству непосредственный начальник – благочинный Новочеркасского округа протоиерей Олег Добринский. Именно под его руководством я легко и безболезненно сделал самые первые шаги и приступил к своим обязанностям. Он не раз оказывал мне свою помощь и поддержку, равно как и многим в своем благочинническом округе.

Однако не так все в жизни гладко, как можно подумать из моего повествования... Знаете, какой мы в большинстве своем имеем недостаток? Вновь назначенный руководитель — в нашем случае настоятель — изо всех сил старается доказать руководству, что доставшийся ему объект имеет массу проблем, с которыми ему придется столкнуться. И этой ошибки мне тоже избежать не удалось. Конечно, храм был старым и запущенным. Но сегодня я отчетливо вижу, что если бы я тогда не стал так настойчиво обращать внимание на недостатки предшественников, а занимался бы просто восстановлением, то это было бы намного проще и продуктивнее. Но, к сожалению, человеческое довлеет над нами, и я хочу дать совет молодому поколению духовенства: чтобы не жалеть впоследствии о своих «героических» поступках, берегите своих предшественников; если они живы, постарайтесь создать для них благоприятные условия, чтобы в своем храме не чувствовали они себя ненужными. А если уже почили, то храните память о них.

Время шло. За пять лет удалось сделать немало: был расписан храм, проведены газ, коммуникации, позолочены купола...

В 2005 году был подписан указ о назначении меня на должность настоятеля Старо-Покровского храма Ростова-на-Дону. Никогда не думал, что буду служить в городе, где прошло мое детство. Ростовчане старшего поколения знают бывший Кировский сквер, где в советские годы на месте разрушенного храма был установлен памятник выдающемуся партийцу. К моменту моего назначения уже был вырыт котлован под строительство нового храма в сквере рядом с памятником.

Инициатором возведения дома Божия в центре города выступил вице-губернатор Ростовской области Иван Станиславов. Таким образом, обязанность следить за производством строительных работ была с меня снята. Прежде всего нужно было формировать приходскую общину, налаживать жизнь прихода.

Еще живя в Новочеркасске, я каждую среду приезжал на строительную площадку, вешал на забор икону и читал акафист. Со временем стали приходить люди на молебны. Так появились первые прихожане.

Переехав служить в Ростов-на-Дону, я установил рядом со строительной площадкой бытовку, которая была преобразована во временный храм. Удивительное это было время! Тесный вагончик, вмещающий в себя не более сорока человек, стал на два года местом общения с Богом. Зимой необходимо было заранее позаботиться об отоплении, летом стояла невыносимая жара. Но именно там был организован хор, приступил к работе бухгалтер (куда же без бухгалтера?!), совершались литургии, крещения и даже венчания.

Радостно было еженедельно отмечать значительные сдвиги в строительстве, просматривать каталоги церковной утвари, выбирая, что лучше подойдет в новый храм. Все эти мгновения относились к приятным хлопотам.

История старого храма, который стоял на этом месте, необычайно богата. Он был одним из первых религиозных сооружений и располагался в крепости святителя Димитрия Ростовского, со временем несколько раз перестраивался. В нашей общине оказались пожилые люди, которые вспоминали, что их родителей крестили или венчали в храме до того, как он был разрушен в тридцатые годы XX столетия.

Перед окончанием строительства возникло непреодолимое желание больше узнать о храме и о людях, которые здесь трудились. Поэтому немало времени пришлось посвятить работе в государственном архиве. Увы, большинство свидетельств были уничтожены. Но все же сохранились отрывочные документы. Из них мы узнали, что в течение 34 лет настоятелем храма был протоиерей Лазарь Крещановский (в 1914 году он скончался). Больше информации о нем на тот момент мы найти не смогли. После освящения храма пришлось полностью погрузиться в приходскую жизнь и приостановить работу в архиве. Однако мысль найти что-либо интересное об отце Лазаре меня не оставляла. Прошло несколько лет, и штат храма пополнился клириками из числа прихожан.

Священник Александр Тарасов, сумевший совместить новое для него пастырское служение с руководством Всероссийским НИИ экономики и нормативов, будучи кандидатом экономических наук и человеком весьма образованным, довел дело поиска информации о предыдущем настоятеле до конца. Он нашел редкие документы о храме, фотографии отца Лазаря и его книги. Одна из обнаруженных книг – «Историческая записка о Покровской церкви Ростова-на-Дону» – нам была любезно предоставлена публичной библиотекой, в которой хранится ценный для нас экземпляр вековой давности. Опять-таки благодаря стараниям отца Александра книга была переиздана. Мы изучили ее и другие найденные свидетельства, и, казалось бы, забытый некогда отец Лазарь явился перед глазами наших современников не только ярким представителем ростовского духовенства, но и общественным деятелем, законоучителем и краеведом. Он был полным кавалером ордена Святого Владимира, членом городской гласной Думы, активно участвовал в жизни города. Его книга содержит бесценные свидетельства о храме, в котором он был настоятелем. Кроме того, много страниц посвящено городу, представлены исторические свидетельства о крепости – том месте, с которого начинал формироваться портовый город. Из книги мы узнали, что в первом храме на клиросе однажды пел Александр Суворов, прибывший в Ростов-на-Дону. Также под сводами Покровской церкви молился адмирал Ушаков. Затем была найдена еще одна книга, содержащая проповеди отца Лазаря.

После таких невероятных находок мы приступили к поиску могилы бывшего настоятеля. Известно было, что он захоронен на Братском кладбище Ростова-на-Дону. К сожалению, поиски не увенчались успехом. Кладбище в советский период закрыли, многие могилы невозможно было опознать, а архив кладбища в свое время был разорен. Наша приходская община приняла решение установить на одной из центральных аллей рядом с Вознесенским кладбищенским храмом гранитный крест с надписью: «Памятный знак к 100-летию со дня смерти протоиерея Лазаря Крещановского, который 34 года был настоятелем Покровского храма города Ростова-на-Дону и захоронен на Братском кладбище».

И эпитафия: «Господь был с ним – и во всем, что он делал, Господь давал успех (Быт. 39, 23)».

Духовная школа

Все началось с поступления в семинарию. Перед началом вступительных экзаменов я приехал в Ставрополь, чтобы подать документы в духовную школу. И уже тогда со мной произошел конфуз. Семинария была почти пуста, поскольку еще шли каникулы. В приемной ректора – никого, дверь его кабинета открыта. Подкрался посмотреть, в кабинете – тоже никого. Выходя на улицу, в дверях столкнулся с каким-то долговязым монахом, который низким голосом спросил, что мне здесь надо. Я заявил: «Мне нужен ректор!» Монах задал следующий вопрос: «Вы абитуриент?» Я ответил: «Да!» – «Тогда ждите», – сказал он и быстро пошел во двор.

«Можно подумать, без тебя не знаю, что надо ждать, для этого я и приехал!» – пронеслось в моей голове. Прошло около часа. Глазами я выискивал архимандрита Макария. Хотя я его никогда не видел, но был уверен, что непременно узнаю. Перед глазами снова замаячил долговязый монах. «Не буду даже на него смотреть, чтобы он не подумал о себе невесть что и не начал мною помыкать», – решил я.

Вот здесь остановлюсь подробнее на деталях, которые для меня в то мгновение были исключительно важными. Дело в том, что, когда монах стал приближаться к входу в семинарский корпус, студенты, блуждавшие во дворе, одномоментно превратились в деятельных парней. Все бросились к нему под благословение, и я отчетливо услышал, как один из них произнес: «Отец Макарий...» Мне понадобилось несколько секунд, чтобы осознать намечающиеся проблемы, которые обязательно возникнут. Ну кто бы мог подумать, что человек в линялом подряснике и есть тот самый архимандрит?..

Собравшись с силами, я встал и пошел к кабинету ректора. Чем ближе я подходил к дверям, тем больше становился похож на героя картины Эдварда Мунка «Крик», где переданы одиночество, отчаяние и боль в планетарном масштабе.

В кабинете архимандрит Макарий (Веретенников) принял у меня документы и сообщил поистине благую весть – что он лишь принимает документы, а собеседование будет уже с новым ректором. Это кардинально меняло дело. Опасения отступали, снова возвращались силы.

Через некоторое время съехались на вступительные экзамены будущие семинаристы. Это был волнительный момент. За короткий период уже удалось с некоторыми абитуриентами познакомиться. Впервые увидел нового ректора, прибывшего из столицы. Архимандрит Евгений (Решетников), в отличие от отца Макария, который, по воспоминаниям ставропольских старожилов, улыбался или смеялся очень редко, сразу стал близок и открыт. Он охотно общался со студентами, был лишен чопорности и заносчивости. Он тоже мало походил на тот образ, который сложился в моем воображении на основании встреч с теми архимандритами, которые приезжали в гости к Донскому архипастырю.

Экзамены проходили несколько дней, по два-три в день. Нам объявили, что на первом экзамене будет присутствовать митрополит Гедеон. Тут же местные знатоки стали рассказывать леденящие душу истории, характеризующие архиерея. Все услышанное не обнадеживало.

Правда, подобные истории относятся к разряду корпоративных баек, многие из которых становятся потом легендами, печальными или смешными, со временем обрастая новыми подробностями, и, как правило, рассказываются от первого лица. В общем, есть такой жанр в церковной среде. К сожалению, эти «добрые» байки во многом на 80 процентов состоят из неправды. Тогда я об этом не думал.

В экзаменационном зале я и увидел владыку. Он сидел в середине большого стола, по сторонам от него располагались преподаватели. Ранее мне доводилось видеть митрополита Гедеона на молодежном съезде в Пятигорске, но только издалека. Он начал спрашивать, кто я и откуда. Узнав, что из Ростова-на-Дону, оживился и назвал ряд имен наших священников, которые ему были знакомы. Конечно, они мне были известны, и я кратко доложил, кто из них где служит. Я подумал, что лишним не будет, если я передам ему привет от Ростовского митрополита, хотя тот меня, естественно, не уполномочивал. Тогда мне казалось, что это был главный козырь в деле поступления. Затем были вопросы: умею ли читать по-славянски – прочитал, знаю ли на память тропарь своему святому – начал читать легко и непринужденно. Не дав дочитать до конца, владыка остановил меня, одобрительно посмотрел и обратился к присутствующим: «Есть ли к молодому человеку вопросы?» Вопросов не было. Он постарался как можно тише сказать им: «Мы его принимаем». Если бы он сказал еще тише, я бы все равно его услышал, поскольку мои уши в тот момент не воспринимали посторонних звуков и улавливали только то, что говорит архиерей. Этого было достаточно, чтобы по выходе из аудитории ощутить себя счастливым.

Оставшиеся экзамены прошли без особых переживаний. И все же, когда вывесили список поступивших, сердце беспокойно прыгало, пока не отыскал свою фамилию среди зачисленных.

Для многих людей студенческие годы — самые запоминающиеся и яркие. Вступая в самостоятельную жизнь, ты погружаешься в мир новых ощущений, тебя окружают новые люди, друзья, радости, сомнения, переживания и разочарования. Именно это встречается в начале жизни, и всему этому ты самостоятельно даешь свою оценку, пытаешься принимать решения без оглядки на родителей — и оттого иногда больно ударяешься, поскольку жизненного опыта почти нет или нет вообще. На тебе — розовые очки с толстыми стеклами, через которые ты смотришь на мир, на людей, на дружбу, на взаимоотношения... Но ведь без ссадин и синяков невозможно начать взаимодействие с подлинной жизнью, правила которой придется исполнять до конца своего земного бытия. А потому очень неестественно слышать, как люди называют студенческую юность мрачной страницей своей жизни или не вспоминают о ней вообще.

Мне повезло — четыре года обучения стали для меня приобретением, открытием и началом пути.

После поступления в семинарию состоялся благодарственный молебен, который возглавил митрополит Гедеон. По окончании богослужения все собрались на улице, чтобы подойти под благословение. Владыка вышел из храма.

Статный, большой, он продвигался по направлению к нам, робким и трепетным. Подойдя, архипастырь сказал несколько слов, поздравил с поступлением. Раздавая благословение, он возлагал руку на голову и отечески похлопывал. Митрополит Гедеон был очень крупным человеком, и руки соответствовали пропорциям тела. Поэтому после таких похлопываний нередко у благословляемого голова продолжала по инерции покачиваться, как у автомобильной собачки.

«Как тебя зовут?» – «Даниил». – «Ну что, поступил?» – «Поступил, владыка!»

Три года подряд архиерей задавал мне этот вопрос, видя меня на последующих ежегодных молебнах...

Масштаб личности владыки Гедеона проявлялся во всем: массивная панагия, торжественные длительные богослужения. Даже автомобиль был под стать хозяину – «Чайка». И неважно, что машина была почти его ровесницей (до этого она долго использовалась госслужащими). По большим праздникам правящий архиерей выезжал на этой «Чайке».

Надо отметить, что в 1991 году исполнился год пребывания митрополита Гедеона на Ставропольской кафедре. Ему было очень непросто, поскольку он сменил своего почившего предшественника – архиепископа Антония (Завгороднего), который за много лет управления епархией снискал небывалую любовь и уважение клириков и мирян. Все священники и семинаристы, знавшие владыку Антония, с любовью делились теплыми воспоминаниями о нем. Именно его стараниями была возрождена семинария. Рядом с духовной школой он был и захоронен. Архиепископ Антоний деятельно участвовал в жизни епархии не только как талантливый администратор, но и как отец, заботящийся о своем духовенстве, оказывал материальную помощь семьям молодых священников, поддерживал студентов...

Тому, кто приходит на кафедру или в храм после такого любимого народом архипастыря или пастыря, трудно органично влиться в устоявшийся порядок, поскольку его всегда будут сравнивать с предыдущим, ставить под сомнение принимаемые решения. И хотя немало объединяло митрополита Гедеона и его предшественника, все же они были очень разными. Не берусь утверждать, но думаю, что владыка Гедеон, возможно, столкнулся с тем, что люди в первые годы его служения в Ставрополе обращали свои взоры в прошлое, которое было им более привычным и близким.

Как бы то ни было, жизнь не стоит на месте, и за год с небольшим митрополит Гедеон стал знаковым человеком в одной из крупнейших епархий Русской Церкви, которая включала в себя все северокавказские республики. У него была удивительная способность аккумулировать вокруг себя совершенно разных по характеру людей, и было видно, что владыке это давалось без особых усилий. К нему приезжали главы Дагестана, Карачаево-Черкесии, Кабардино-Балкарии и других регионов Кавказа, чтобы поздравить с праздником. В их среде он воспринимался как старший, уважаемый человек, лидер.

Безусловно, за этой, казалось бы, легкостью общения стоял долгий опыт, которым обладал архипастырь. С 1972 по 1990 год он управлял огромной Сибирской епархией. В то непростое время необходимо было искать пути компромиссных решений с власть предержащими и при этом сохранять свое право и назначение архиерея – рукополагать новых священников, изыскивать возможности восстанавливать порушенные храмы или строить их с нуля. Весь этот багаж знаний и приобретенного опыта помогал ему в принятии непростых, а иногда непопулярных решений.

Сегодня все чаще церковные люди пытаются снабдить свои воспоминания об ушедших пастырях и архипастырях какими-то пикантными историями, порой вытаскивая на свет лишь плоды своей фантазии и подозрений. Вспоминать подобным образом своих героев у меня нет никакого желания. Мне хотелось бы лишь передать свои эмоции и свои наблюдения.

Так вот, кратко охарактеризовать митрополита Гедеона для меня невозможно. И все же если поставить задачу описать его в двух словах, то я бы уверенно сказал, что это был, безусловно, человек Церкви. Он не был ведомым руководителем, имел свое мнение и не боялся его высказывать. Владыка был достаточно смелым и независимым человеком.

В конце 1990-х он вел жесткую полемику с лидером Коммунистической партии Г.А. Зюгановым. В письме от 15 августа 1999 года правящий архиерей написал: «А кто привел Россию к современному позорному состоянию? Неужели Вы не понимаете, что сегодняшние трудности – это результат не нескольких последних лет, а многих десятилетий?.. Безбожие породило бездуховность, бездуховность – безнравственность, преступность, нигилизм, алкоголизм, наркоманию, небывалую коррупцию в высших эшелонах власти... С сатанинским упоением газета "Правда" писала в 1922 году: "Русь святая! Где она? Нет ее, сгинула, пропала..."».

Конечно, можно на это возразить, что такие письма в конце девяностых писать было легко, это же не тридцатые. И тем не менее было достаточно таких писем, где прочитывались позиция и мнение, которые не были угодны власти.

Еще вспоминается характерный случай. Уже после окончания семинарии меня пригласили на юбилей, посвященный нашей духовной школе. Как раз в это время одно из воскресений было объявлено рабочим днем. Праздничное богослужение подошло к концу, собор был полон людей, в том числе многочисленных гостей. На амвоне стоят губернатор и мэр. Митрополит Гедеон в своей проповеди говорил о духовенстве, о роли духовной школы в деле образования будущего священника, о силе пастырского слова. Все шло по запланированной и утвержденной программе, и вдруг мы все стали свидетелями того, что иерарх Церкви дает нравственную оценку происходящим событиям. Повернувшись в сторону главы региона, владыка поблагодарил его за то, что он разделил радость праздника, а затем выразил недоумение по поводу того, что воскресный день стал рабочим. Подводя итог своему выступлению, он обратился к губернатору с просьбой передать эти его слова президенту Ельцину: «Впредь такое повторяться не может. Передайте президенту: владыка НЕ-ДО-ВО-ЛЕН!!!»

Губернатор явно напрягся, пообещал передать наказ, после чего обреченно подошел к архипастырю, который его по-отечески приобнял и дал приложиться к кресту. Мне тогда казалось, что дореволюционные архиереи были именно такими. К слову сказать, он не был приспособлен к обычной бытовой жизни. В епархии, дома, на отдыхе – всюду он был правящим архиереем, как будто заложником своего статуса и положения. И возможно, лишь один человек мог вернуть его в состояние без чинов – его мама. Видел ее несколько раз на богослужениях, но знал о ней практически все. Она оказывала на него умиротворяющее воздействие, рядом с ней он был большим послушным ребенком. Избежать праведного гнева архиерея мало кому было под силу, но стоило владыке услышать голос матушки Матроны, как все ее называли, в защиту священника, обратившегося к ней за помощью, как гнев сменялся на милость. Смерть мамы больно отозвалась на митрополите Гедеоне. Это была поистине большая сыновняя любовь длиною в жизнь.

Моя диаконская хиротония состоялась в Пятигорске в Лазаревском храме. Незабываемые ощущения и яркие впечатления родили во мне любовь к Кавказу. Вообразите: осень, горы, красивый старый храм, рядом – старое кладбище, на котором сохранилось место первого захоронения М.Ю. Лермонтова.

Исполненный восторга от осознания того, что уже завтра моя жизнь обретет новый смысл, бродил я около храма и кладбищенских захоронений. Утром — встреча архиерея и Божественная литургия, за которой будет совершено надо мной долгожданное таинство. Каждый священнослужитель помнит свою хиротонию. И я не исключение. Самое сложное для понимания — первое вхождение в царские врата. Как хорошо, что рядом со ставленником все время находятся люди, помогающие преодолевать оторопь и ступор, которые зачастую наступают во время рукоположения, даже если ход богослужения известен более чем хорошо. И здесь не могу не вспомнить с благодарностью владыку Гедеона. Несмотря на обычную строгость в ходе службы, он, наверное, хорошо понимал трепет мальчишек, вступающих на путь служения, ведь когда-то он это тоже проходил. Архипастырь подвел меня к престолу и явно почувствовал, что я весь дрожу. Спокойно, чтобы не напугать меня еще больше, он медленно говорил, что нужно делать, сказал несколько ободряющих слов и, положив мне на голову свои огромные ладони, начал читать молитвы. Все это подействовало на меня умиротворяюще, появилось чувство защищенности. Когда я встал с колен, уверенность вернулась, и служба для меня пошла своим ходом.

Пресвитерская хиротония состоялась через несколько месяцев, в день памяти Гедеона праотца, в Андреевском соборе Ставрополя. Служба шла очень долго, было совершено две хиротонии, звучали слова и речи, обращенные к Высокопреосвященному имениннику. В итоге торжества закончились во второй половине дня. До сих пор задаю себе вопрос: как это возможно? На память приходит известная книга «Путешествие Антиохийского

Патриарха Макария в Россию в половине XVII века, описанное его сыном, архидиаконом Павлом Алеппским». Думаю, если бы автор вдруг оказался в Ставрополе на праздничной литургии, которую возглавляет митрополит Гедеон, то его воспоминания пополнились бы интересными и яркими наблюдениями. И все же день моей личной Пятидесятницы связан с именем архипастыря, оставшегося в памяти навсегда.

Нам повезло с ректором. В год моего поступления молодой игумен Евгений (Решетников) из Троице-Сергиевой Лавры был назначен ректором Ставропольской духовной семинарии с возведением в сан архимандрита. Он сменил упомянутого выше архимандрита Макария (Веретенникова). Тысяча девятьсот девяносто первый год, развал Союза, время экономической депрессии и вместе с тем пора возрождения Церкви. Новому ректору пришлось нелегко. Он покинул стены родной обители, и ему нужно было вписаться в жизнь новой для него епархии, выстроить отношения с архиереем и духовенством, от которых зависело немало. Могу ошибаться, но, как правило, новый человек в епархии воспринимается с долей скепсиса и недоверия. И подозреваю, что отцу Евгению пришлось столкнуться с этой проблемой. Также необходимо было позаботиться о содержании студентов. При повсеместном безденежье надо было изыскивать средства, чтобы сшить нам кителя, накормить и еще закрыть массу дыр, которые требовали вложений.

Деятельность, которой занимался отец Евгений ранее в Лавре, была созидательной, учебный процесс тоже был ему знаком.

Двадцать седьмого сентября 1986 года в Московской духовной академии случился пожар, ставший причиной гибели пяти студентов; сгорели актовый зал, корпус студенческого общежития, значительно пострадало помещение академического Покровского храма. Отец Евгений, будучи преподавателем академии, был привлечен к координации восстановительных и строительных работ после пожара. Русская Церковь готовилась провести в лавре Поместный Собор в 1988 году, когда праздновалось Тысячелетие Крещения Руси. Через несколько лет упорного труда уже ничто не напоминало о разрушительной трагедии, кроме оставшихся воспоминаний у тех, кто пережил этот день и столкнулся лицом к лицу с потерями. Затем отец Евгений был назначен заместителем ректора по административно-хозяйственной работе и инспектором Московской духовной семинарии.

Благодаря своему открытому характеру он завоевал симпатии большинства духовенства, а это открывало определенные перспективы. Приходские священники привозили для студентов продукты, в то время это было большим подспорьем.

Отец Евгений был достаточно демократичным в общении и непритязательным. Жили мы в корпусе, где располагалась и его келья, в трапезной ели все вместе. При том что еда была более чем скромная, он не позволял себе есть где-то на стороне или ставить на свой стол что-то, чего не было у нас. Носил он по-монашески сапоги, которые каждый вечер сам начищал. Все эти, казалось бы, незначительные детали сплачивали семинаристов и их руководителя в одну семью. Ректор пользовался непререкаемым авторитетом в нашей среде.

Однажды зимним утром, проснувшись по звонку на подъем, мы увидели в окне потрясающую картину. Отец Евгений с лопатой в руках чистил церковный двор от снега. В том, как архимандрит раскидывает лопатой снег, было что-то завораживающее. После занятий особо впечатлительные ребята, схватив лопаты, принялись в подражание ему чистить двор.

Первые годы обучения ценны тем, что проходишь стадии взросления. Почти все на первом курсе видели себя особами духовными, нам мало было утреннего и вечернего молитвенного правила, мало было обязательных для посещения воскресных и праздничных богослужений. Нужен был молитвенный подвиг с чтением акафистов, канонов и т.д. Поэтому в кельях или в семинарском храме можно часто заметить стоящих с молитвенником в руках воспитанников. И это тоже бесценный опыт познания себя, своей внутренней свободы. Конечно, эти молитвенные стояния могли носить разный характер (к примеру, осознание, что «я не такой, как все»). И все же были мгновения, когда юношеская молитва была запоминающимся разговором с Творцом.

Как известно, студент семинарии привязан к своему учебному заведению не только во время занятий. Существует распорядок дня, с которым необходимо считаться. А если есть распорядок, то во внеучебное время учащийся не может бездельничать. Это создавало трудности с выходом в город, потому что необходимо было ставить дежурного инспектора в известность, куда и на какое время уходишь. У ректора была традиция: прогуливаясь по двору, вычитывать монашеское молитвенное правило. А поскольку правило объемное, то променад был затяжным. Ближе к вечеру у студентов начинались вечерние занятия, то есть самоподготовка в аудиториях. Здесь мы встречались с главной сложностью — выход в город был часто блокирован прогуливающимся ректором. Как выходящим без санкции на выход, так и возвращающимся нередко приходилось сталкиваться с архимандритом, который мог задать резонный вопрос: почему не на занятиях? Назывались причины совершенно разные, но одним из любимых студентами веских доводов был поход в баню. В тот период в семинарии не было своей бани, и студенты ходили в городскую, которая находилась совсем не в шаговой доступности.

Вспоминаются очень трогательные проводы ректора в связи с его назначением на должность ректора Московской духовной академии и семинарии и возведением в сан епископа. Мы восприняли это известие с полной растерянностью. Когда привыкаешь к человеку, с которым тебе комфортно, и узнаешь, что предстоит расставание, а значит, привычная жизнь будет меняться, то переживаешь сложившиеся обстоятельства как личную потерю. Людям свойственно при расставании думать о себе, даже если объект твоих симпатий идет на повышение. И мы тоже думали о себе и о том, как будет дальше складываться наша жизнь в стенах духовной школы. После приезда из Москвы, где состоялась его хиротония, епископ Евгений еще какое-то время был с нами, сдавал дела и собирался. В один из дней он возглавил литургию в семинарском храме, где собрались все. Эмоции переполняли... В день его отъезда во дворе студенты наблюдали за последними сборами владыки Евгения. Надо отметить, что он не был сентиментальным человеком, поэтому с его стороны не было слезливых и высокопарных речей или назиданий. Но нам и не нужны были речи или эмоции, потому что мы хорошо его знали. Он был воплощением подлинного монаха. Мы просто прощались со стабильным и добрым периодом нашей жизни. Кто-то залез на колокольню и устроил несанкционированный и длительный колокольный звон. К этому дню учащиеся скинулись и заказали панагию и крест, которые преподнесли ему. Архиерейский комплект не представлял никакой ценности, поскольку крест и панагия были деревянные (просто у нас не было возможности приобрести что-либо стоящее). К нашей радости, он сразу надел на себя эту панагию и в ней уехал в Москву. Так закончилось служение епископа Евгения (Решетникова) на Ставропольской земле. Многие из нас по окончании семинарии поступили в Московскую духовную академию, где снова встретились с ним. Мы дорожили нашими короткими встречами в Лавре, рассчитывать на длительные и не могли, потому что он был в постоянном движении. При всей своей занятости он сумел в общении остаться прежним, высокий статус его не испортил.

Семинарская жизнь описываемого периода была невероятно насыщена событиями и деятельностью. Печатной продукции в то время было катастрофически мало, нет, лучше сказать, ее вообще почти не было... Из общецерковных изданий нам были доступны «Журнал Московской Патриархии» и газета «Церковный вестник», которые перечитывались многократно. Еще несколько монастырей начали издавать «Лествицу», «Монашеские поучения» и т.д. Конечно, при такой нехватке читалось все подряд. Отдельные епархии встали на неизведанную тропу издания своих газет. Наша семинария не была исключением. Собрался костяк студентов-энтузиастов, которые на полуживом оборудовании начали печатать газету. В помещении-типографии было все черным черно от обильно протекающей краски, которая пачкала стены, мебель, руки... Выход первого номера газеты был настоящим торжеством, это был прорыв. И сегодня можно сколько угодно иронизировать над содержанием и качеством тех первых изданий, но тогда это было востребовано и необходимо. Ведь выпускаемые Патриархией тиражи Библии были ничтожно малы, не говоря уже о богословской литературе, поскольку в конце восьмидесятых возрождение только-только начиналось.

А еще студенты много внимания уделяли беседам о Церкви, о ярких исторических личностях, о прочитанном и услышанном. Эти беседы плавно переходили в споры до хрипоты. Когда небольшой студенческий запас аргументов заканчивался, нередко призывались на помощь преподаватели, и все начиналось заново. Некоторые из них вызывали в студентах особую симпатию и доверие. Они дарили нам свое время, оставались после занятий, чтобы выпить с нами чая, заваренного в банке кипятильником, и разделить с нами незатейливую студенческую трапезу. Взамен мы ждали от них рассказов, и не важно о чем — было востребовано и интересно все, начиная от масштабных церковных событий и заканчивая историями из их личной церковной практики. Много рассказов было посвящено личности покойного архиепископа Антония (Завгороднего), который был похоронен в склепе рядом с нашим семинарским корпусом. Многие из нас не знали его лично, но благодаря доброй памяти тех, кто с ним общался, он стал как будто и нам родным. Так протекала наша жизнь, центром которой была на тот момент духовная школа.

Оглядываясь назад, с благодарностью вспоминаю студенческую юность и саму семинарию, которая воспитала в своих стенах целый ряд иерархов Церкви, пастырей и мирян, трудящихся в монастырях, церковных структурах, соборных храмах и на приходах.

Святейший

В жизни каждого из нас случаются важные события, после которых возникает потребность сделать запись в дневнике, чтобы не упустить детали и тем самым сохранить пережитые чувства, ощущения, волнения...

Но есть и такие, которые не нуждаются в записях, поскольку хранятся в памяти самостоятельно и отчетливо. Даже спустя десятилетия понимаешь, что с возрастом, когда память начинает тебе изменять, именно эти мгновения останутся как неотъемлемая часть жизни и покинут этот мир только когда уйдет тот, кто бережно сохраняет свои воспоминания...

Впервые я увидел Патриарха Алексия II в начале 1990-х на Первом съезде православной молодежи в главном корпусе МГУ имени М.В. Ломоносова. Там же мне посчастливилось познакомиться с яркими личностями нашей Церкви. Это и епископ Василий (Родзянко), и протопресвитер Фома Хопко, и митрополит Питирим (Нечаев).

Всех нас, делегатов съезда, значимых и совсем незначительных, таких как я, поселили в гостинице «Украина». В первый же день заселения мне стало понятно, что, сидя в номере, можно многое пропустить. И я, как папарацци, засел в холле, наблюдая за архиереями, которых знал по календарю Московской Патриархии поименно, а также за многочисленными гостями, прибывающими на съезд. На следующий день «Икарусы» развозили делегатов съезда к месту проведения мероприятий. Примкнул к ним и я. Все разместились в актовом зале, который спустя какое-то время стал студенческим храмом в честь мученицы Татианы при университете.

Начало торжественного открытия съезда затягивалось, люди общались, знакомились...

Это было одно из первых масштабных церковных мероприятий, где вместе собрались известные церковные деятели.

И вот вышел Патриарх.

Все встали и запели молитву. Мне казалось, что я участвую в каком-то большом и значительном действе, которое должно стать для Церкви судьбоносным. Его Святейшество первым обратился к присутствующим со словом. Он медленно встал, взошел на трибуну, начал говорить. Что именно он говорил, не помню, но я ловил каждый его жест, интонацию, необычную манеру речи. Глядя на него, я с трудом мог поверить, что мне посчастливилось увидеть Святейшего так близко.

Потом начались речи деятелей церковных и светских, от их монотонных голосов снизилась концентрация внимания. Удалось услышать только один яркий спич. Это был архиепископ Смоленский и Калининградский Кирилл (ныне Святейший Патриарх). Ранее мне не доводилось слышать подобные обращения. Речь была построена от противного: он задавался вопросом «почему, собственно, православная молодежь?.. Почему не православные женщины или пожилые люди?» И тут же, как бы отвечая себе, он пояснял, что у молодежи, то есть у нас, есть уникальная возможность воспользоваться доверием и идти созидательным путем. В конце он сказал, на мой взгляд, трогательные слова: «Церковь — Мать. Позаботьтесь о ней!» Раздались бурные аплодисменты.

У некоторых в глазах стояли слезы энтузиазма. К сожалению, доверием воспользовались не все. Слезы высохли, энтузиазм куда-то исчез. А жаль!..

Надо отметить, что мы слушали эти слова и призывы с восторгом и комом в горле. Многие были идейными людьми, готовыми идти осваивать необработанную ниву, которая простиралась перед нами. А вместе с этим Церковь и все мы в девяностые годы плохо понимали, как надо действовать. Все эти ощущения передаю не для того, чтобы приукрасить текст. Эпоха Патриарха Алексия у меня связана с весной, подъемом, братством и доверием друг к другу. Для Церкви это период талантливых энтузиастов, делавших многое «на коленке» и безвозмездно, за идею. Подозреваю, что могут возразить: «Делали на коленке — вот и получайте результат!» Не смогу согласиться с таким утверждением, поскольку то, что делалось, переросло в проекты, которые и сегодня продолжают жить, но уже в другой форме. Жаль, что ушло то время, а вместе с ним ушла неистребимая жажда созидания, ощущение вовлеченности в общее дело. Конечно, это вовсе не значит, что устройство Церкви изменилось, просто каждому периоду соответствует определенная форма развития. А значит мы, христиане, живем в новое время, используя те формы, которые предлагает, диктует нам нынешняя обстановка в стране. Только история может объективно ответить, какая из форм была более благоприятной и эффективной.

А в то время мы просто знали, что есть те, кто призывает, а значит, будет кому направлять. Мы просто верили, что есть те, кто нас возглавит, те, кому мы будем нужны.

Другая встреча со Святейшим произошла во время его первосвятительского визита в Ростовскую епархию. Он возглавил литургию в новочеркасском кафедральном соборе. Среди многочисленных сослужащих был и я.

Собор был переполнен людьми как никогда. После Причастия мы все выстроились к Патриарху под благословение. Волнительная минута. И вот подошла моя очередь. На мои руки легла благословляющая рука Первосвятителя. Едва заметная улыбка и вопрос:

– Как вас зовут?

Переполняемый чувствами, сменяющими друг друга, я ответил.

– А где вы служите?

– Здесь, в соборе, штатным священником.

– Наверное, недавно окончили семинарию?

– Да, – отвечаю и при этом продолжаю держать его руку.

– Ну, вот вам на молитвенную память! – сказал Святейший отец и передал мне икону.

Такие иконы получили все, кто был в алтаре. Когда я отошел от него, то ощутил себя в некоторой прострации. Этот минутный диалог мне необходимо было переварить. Хотелось возвращаться к услышанному снова и снова.

Минуло уже много лет с того дня, который я считаю одним из самых ярких и значительных.

Этот минутный разговор с Предстоятелем сформировал мое сыновнее отношение к нему.

Теперь в моей жизни появилась история, которую знают мои домочадцы. Иногда для человека можно сделать что-то доброе, какую-то мелочь, чтобы он навсегда стал благодарным и преданным.

И Патриарху Алексию это удавалось. Его манеры (характерные манеры человека XIX века), узнаваемая речь с присущими ей интонациями и паузами... Его нельзя спутать ни с кем. Он оставался доступным для духовенства, а потому снискал любовь и почтение.

Еще одна встреча состоялась в 2000 году на торжествах в честь миллениума в Вифлееме. Я входил в состав ростовской делегации.

В эти дни в Израиль съехались предстоятели Православных Церквей, главы и представители иностранных государств. На улицах Вифлеема можно было встретить поистине легендарных людей. Все дни пребывания там были плотно заняты богослужениями в различных местах, в том числе и в Храме Гроба Господня в Иерусалиме. Наша программа посещения богослужений полностью совпадала с программой Патриарха Алексия, и мне довелось неоднократно сослужить ему.

Служба совершалась в Вифлееме в день Рождества Христова. Толпы людей. Когда в храм вошел Борис Ельцин, люди начали аплодировать. Прибывающих гостей встречали Ясир Арафат и Патриарх Иерусалимский Диодор. Необычно пели различные хоры, прибывшие со своими предстоятелями. В основном пели греки и грузины. На запричастном стихе нужно было видеть реакцию присутствующих, когда грянул русский хор под управлением архимандрита Матфея (Мормыля). Исполняли стихиру «Земле Русская». Все присутствующие повернулись в сторону хора, восхищенно наблюдая за поющими. Наш Патриарх видел, конечно же, реакцию на русское пение, и, очевидно, ему было это приятно.

Во время причащения один из иностранных архиереев неожиданно прекратил причащать и зашел в алтарь, хотя еще остались люди. Это были в основном русские, среди которых находились известные деятели культуры.

– Отец Даниил, подойдите, пожалуйста!

Мне показалось, что я ослышался...

Это был голос Святейшего (надо же, запомнил имя!). Я подошел. Он попросил меня взять Чашу и причастить оставшихся наших соотечественников.

Все, что сказано здесь, нисколько не говорит о моем желании тогда попасться лишний раз на глаза. Просто в делегации каждый священник был связан определенными послушаниями, я же был совершенно свободен. А из Русской Церкви незадействованных пастырей больше никого не было.

Сегодня понимаю, как я выглядел со стороны на том съезде. Сразу рисуется образ... В новочеркасском казачьем кафедральном соборе есть галерея на хорах. Там нет икон, вместо них размещены художественные изображения из истории казачества и строительства соборного храма. Так называемая историческая летопись в красках. На одной из картин изображен первый казачий круг. Сидят казаки, решают серьезные вопросы жизни общины, своей участи дожидаются закованные в цепи осужденные. И неброской доминантой изображен полубоком к зрителю мальчик в недоуменной растерянной позе. По легенде, его перед началом круга высекли, чтобы запоминал все лучше. В его функцию входило внимательно слушать и смотреть за происходящим, чтобы впоследствии все зафиксировать на бумаге. Так вот, мое присутствие на Первом съезде православной молодежи было схожим с функцией этого мальчика, разница лишь в том, что меня перед мероприятием никто не бил. Деятельно участвовать в прениях могли только люди, имеющие на то полномочия. И чтобы что-то говорить, необходимо иметь опыт, а его у меня не было. Да и полномочий говорить не было. Зато можно было смотреть и слушать, что иногда тоже полезно.

Чтобы закончить историю с молодежным съездом, скажу, что было ее продолжение в нашем регионе.

После съезда мы собрались в Пятигорске. Там впервые я увидел горы. Там же познакомился с митрополитом Гедеоном, побывал в Лазаревском храме, у Лермонтовского кладбища, в котором был рукоположен этим архиереем и потом служил несколько лет. Но это уже другая история... Там я встретил талантливых молодых людей, среди которых был Илья Соловьев, ныне известный пастырь и историк.

Здесь же я дал свое первое интервью, в котором с доверительной откровенностью сказал корреспонденту о том, что настанет время, когда при храмах организуют кинозалы, лектории, кружки, где молодежь будет знакомиться с жизнью Церкви посредством фильмов, собраний, чаепитий. Тогда, в 1990-м году, еще вышла газета с заголовком «Кинозалы при храмах». А когда я вернулся в Ростов-на-Дону, меня уже ждал викарный архиерей епископ Сергий (Полеткин) с газетой на рабочем столе. После «разбора полетов» я понял, какая большая разница между теоретическими построениями, мечтаниями и практической реальностью. И все-таки спустя десятилетия мы уже видим при храмах даже досуговые центры, не то что кинотеатры...

С теплотой вспоминаю свою церковную юность, когда мы были способны не плакать сентиментальными слезами по любому поводу, а жить идеалами.

Я окрашиваю в радужные тона прошлое не потому, что тогда люди были лучше, не потому, что тогда «трава была зеленее, а солнце светило ярче», не потому, что сейчас «все пропало». Просто для каждой эпохи — свой «цвет», свое ощущение жизни. Детство, юность — это особое время, когда мы вбираем жизнь всей грудью, когда мы видим мир идеалистически. Мы хотим его таким видеть, мы хотим, чтобы он был таков!

Бесценный дар

Как уже было сказано выше, я прослужил в новочеркасском соборе пять лет.

Когда появляется новый священник на приходе, люди по-особому присматриваются к нему, внимательно слушают то, о чем он говорит, прикидывают, созвучны ли его мысли по тем или иным вопросам с мыслями других священников, ими знаемых, либо с мыслями собственными. К этому надо быть всегда готовым, ибо это нормально. Но есть особая категория прихожан (жаль, что сегодня такие люди исчезают как феномен), которые пристрастны особенно. В числе таковых в новочеркасском соборе оказалась старушка по имени Раиса – преданная, коренная соборянка. Ее знали все, и особенно клирики собора. Дело в том, что при малейшем отклонении священника от тех норм, которые были известны только Раисе, тут же составлялась подробная депеша в епархию с изложением нарушения и просьбой разобраться с виновником. Писала старушка в епархию так часто, что там уже привыкли к ее постоянным обращениям и даже начинали беспокоиться за нее, если жалобы приходили нерегулярно.

Впоследствии мне рассказали, что она – дочь протоиерея Симеона Таборанского. Отчасти понимаю, почему Раиса Семеновна все воспринимала не так – она все видела через призму опыта своего отца. И потому образцом пастыря мог быть только тот, кто сравнился бы с ее родителем. Но таковых не находилось. Да и в самом деле, как мы, молодые священники, заставшие уходящих уже со своих постов уполномоченных по делам религии, по-настоящему не столкнувшиеся с проблемами, которые создавали для духовенства эти товарищи, могли сравниться с поколением отца Симеона?! То было время если не открытого мученичества, то подлинного исповедничества.

И вот я – новый клирик собора. Только что из семинарии, а значит, исполнен уверенности в своих недюжинных знаниях, сам не из робкого десятка. Но все же, проходя мимо Раисы Семеновны, невозможно было избавиться от чувства, что, глядя на тебя снизу, она каким-то странным образом сверлит тебя взглядом сверху вниз – хотя ее позвоночник был сильно искривлен, и для того, чтобы взглянуть в глаза собеседнику, ей надо было делать усилие и смотреть снизу вверх.

В общем, я понял, что жалоб епархиальному начальству на меня не избежать. Оптимальным вариантом было на всякий случай избегать встреч с «доброй» старушкой. Были, конечно же, и попытки найти с ней общий язык: несколько раз просил ее рассказать об отце Симеоне, но сведения Раиса Семеновна выдавала очень скудные и о многом старалась не распространяться.

Прошло несколько лет моего служения в соборе, и однажды нам сообщили, что Раиса Семеновна заболела и просит причастить ее дома. Это была моя череда совершения богослужений. Придя к ней домой, я увидел ее совсем ослабленной. В этот день она, что называется, раскрылась с другой стороны. Прежняя Раиса, которая все время брюзжала, выказывала недовольство, жаловалась, – исчезла. Передо мной предстала совершенно другая женщина. После исповеди и Причастия она рассказала о своих родителях и жизни с ними. В ее комнате был святой угол, где были расставлены иконы; рядом с ним – множество фотографий, среди которых несколько – с изображением митрополита Иосифа (Чернова), который в период служения ее отца пребывал в ссылке и жил в доме Таборанских, работая водовозом. Сегодня его почитают как казахстанского исповедника. Беседа была довольно продолжительной, и когда я уже собрался уходить, Раиса Семеновна остановила меня и попросила подойти к небольшому шкафчику в святом углу.

– Там у меня хранятся Святые Дары, еще от папы. Заберите их!

Я достал старую дарохранительницу, которая действительно была заполнена наполовину.

– И еще возьмите папин напрестольный крест!

Напрестольного креста я не нашел. Она с раздражением сказала, что у меня нет глаз и мне нужно смотреть лучше. Начал «смотреть лучше», как велела мне Раиса Семеновна, но вместо напрестольного креста нашел наперсный, сообщив ей о находке.

– Это он и есть! Забирайте его, там много мощей. Этот крест подарил папе митрополит Иосиф.

Крест был черным от времени и копоти. Я поблагодарил Раису Семеновну, решившуюся передать мне, пожалуй, самое ценное из всего, что находилось в квартире. В свою очередь она взяла с меня слово, что каждое воскресенье я буду поминать на литургии ее родителей и ее саму. И вот уже много лет эти три имени непременно присутствуют в моей литургической памяти.

Когда же начали приводить крест в надлежащий вид и полностью его отмыли, взору открылся изящный серебряный мощевик. Позднее я обнаружил, что в известной многим истории знакомства митрополита Иосифа с семьей Таборанских Раиса Семеновна настойчиво называет наперсный крест напрестольным.

Удивительно, но есть вещи, которые через десятилетия могут быть свидетелями важных событий прошлого. Вещи, которые принадлежали людям, чьи имена сохраняются в памяти государства или Церкви. Вещи, обладая которыми становишься как будто сопричастным, пусть даже косвенно, людям и событиям давно минувших лет. Минувших, но не забытых.

«Дайте Херувимского ладана»

После собора я был назначен на приход в качестве настоятеля. Так открылась новая страница моего служения. Когда я получил распределение в Новочеркасск, мне было чуть больше двадцати лет. Я был неудержим, полон идей и желания изменить мир к лучшему. В общем, «реформатор». Это сейчас, через призму прожитых лет и опыт, приобретенный за годы служения, я понимаю, что больше нужно слушать и находить «золотую середину», ибо не всегда благие порывы молодого священника являются истиной в первой инстанции. А тогда...

Не могу сказать, что меня приняли с распростертыми объятиями, но и откровенного противостояния я не видел, хотя некий холодок по отношению к моей персоне ощущался.

Приход Георгия Победоносца, где я служил, в основном состоял из людей пожилого возраста. Ездил я туда из Ростова ежедневно, а если служил несколько дней подряд, то оставался в квартире прихожан. Прихожане были замечательны и уникальны. Чтобы узнать меня поближе, они устроили мне, так сказать, смотрины: для первого приходского обеда наварили борща, поставили бутылку какой-то выпивки. И весь этот костяк, состоящий из бабушек и нескольких дедов (всего человек 20–30), устроился поудобнее, чтобы меня поближе разглядеть. Если бы я был старше и опытнее, может, где-то бы и промолчал и лучше послушал бы их, но меня, как Остапа Бендера из известного романа «Двенадцать стульев», «несло»:

– Мы сделаем то... Мы сделаем это... Да у нас вскоре здесь будет город-сад...

Выслушали меня с опаской и особого восторга не испытали. Дело в том, что в храме очень часто менялись настоятели, и прихожане знали, что с появлением нового начнутся очередные «революционные изменения». И хоть и нужны они были храму, прежде необходимо было заручиться расположением паствы. Только понимание этого пришло гораздо позже. Наверное, мне повезло, что я не сменил какого-нибудь яркого и харизматичного настоятеля, поскольку после таких священников сложно находить взаимопонимание с людьми, которые постоянно сравнивают тебя с бывшим любимым батюшкой. В моем случае все было намного проще. Что удивительно, этот приход, хоть он и находился в городе, по сути оставался полусельским: люди жили прямо около реки Тузловки, в частном секторе. Занимались огородами.

Мой слух всегда резали простецкие обращения – бабушки хоть и звали друг друга по именам, но не иначе как Лизка, Катька, Верка... Надо было остановить такую фамильярность фамильярностью встречной. Как-то я дерзнул назвать их совсем необычно: «Девочки!» Реакция была неожиданно положительная. Они растаяли, зарделись, видимо, так их никто давно не называл. Я понял, что это правильное решение, – я был близок к успеху на пути нашей зарождающейся дружбы.

– Девочки, нехорошо так друг друга называть! – сказал я.

Вот тогда и появились милые прозвища: Вера стала Верой Холодной, Екатерина – Катрин Денев, Елизавета – Элизабет Тейлор и т. д.

Когда я говорил им: «Девчата, давайте соберемся сегодня днем и попытаемся облагородить наш церковный двор», они воспринимали призыв как руководство к действию. Работали не покладая рук: копали, сажали, поливали, носили тяжести, убирали, не отставая от молодых...

За плечами у этих женщин был огромный жизненный опыт, у многих – непростая судьба. Поэтому работу они любили и не боялись ее. После дел шли вместе обедать. Тогда-то я и узнал, что новые имена прижились. Когда я звал к столу и к общению, одна другой говорила:

– Тейлор, пошли! Батюшка зовет.

Та ей отвечала:

– Пойдем, Денев!

Хотя ни о Денев, ни о Тейлор они не имели ни малейшего представления.

Самой яркой была Лиза. Достаточно странная. Странность в большей степени заключалась в ее умении экстравагантно одеваться. На ней была масса юбок, в том числе розовая в обтяжку, с кого-то снятая нейлоновая куртка, поверх которой – синий плащ нараспашку, на голове – несколько платков в виде гнезда. В дни больших церковных торжеств к обычной одежде добавлялись праздничные детали гардероба. К примеру, на нейлоновой куртке появлялась большая блестящая брошь, которая принадлежала к той же «коллекции», что и остальные вещи. Мы пытались ее переодеть, собирали приличную одежду. Она брала это все с благодарностью, но потом возвращалась к своим привычным нарядам. Выглядела она, конечно, как капуста...

Лиза была очень предана Церкви. Могла, к примеру, бесстрашно вывести какого-нибудь хулигана. Можно понять испуг этого нарушителя порядка, на которого движется «нечто» в ярких одеждах и с перекошенным от возмущения лицом. Она с удовольствием возложила на себя послушание в секьюрити — стояла всегда в притворе, и любой вновь приходивший человек, естественно, бросал на нее взгляд, в котором был и ужас, и страх, и недоумение...

Но она, в общем-то, дисциплинировала коллектив.

Вера Холодная — Верочка — жила прямо около храма. У нее были и дети, и внуки. Она всегда радовалась, когда они приезжали. Но жила одна. Поэтому, когда появился новый батюшка, — то бишь я — она часто звала меня к себе, пекла вкусные пирожки и пироги, так что я чуть не превратился в откормленного рождественского гуся. Потом с ней случилась старческая деменция, и она потихонечку стала угасать. Так же тихо и спокойно ушла...

Была еще одна интересная особа — женщина, всегда опрятно одетая, очень вежливая, улыбчивая, но тоже не без странности. В то время мой смешливый характер позволял без труда вывести меня «из строя». Это сейчас я могу переключить внимание, сосредоточиться, а в молодости...

Поэтому, наверное, прихожанки меня и предупредили:

– Батюшка, пойдете кадить, будьте наготове.

Я спросил:

– А в чем дело?

– А вы увидите, – загадочно ответили они.

Совершая каждение храма, шествуя в густых клубах кадильного дыма, боковым зрением я увидел следовавшую за мной женщину. То, что предстало пред моим взором, заставило меня на мгновенье замереть: вытянув губы трубочкой, она буквально вбирала в себя клубы дыма, который исчезал в ней бесследно. Так мог работать пылесос или промышленная вытяжка. Втянув внутрь весь дым, она умиротворенно закрывала глаза. Создавалось впечатление, что она только что отведала фуа-гра, запив глотком коллекционного вина, дегустируя всеми рецепторами его танинность и кислотность...

Когда на Херувимской совершалось каждение на амвоне, она точно так же вбирала в себя дым, а потом выпускала его. Я долго не мог к этому привыкнуть и однажды, не выдержав, задал ей вопрос:

– Что вы делаете?

– Ну это же так благодатно, батюшка, – отвечала она.

Я пытался ей возразить:

– Знаете, это не совсем полезно, вы же поглощаете много дыма! По-моему, курить будет более безопасно!

Но... должного эффекта слова мои не произвели...

Больше у нее не было никаких особенностей. Вот тогда я и утвердился в мысли, что некоторые вещи неискоренимы в жизни церковных людей. Помню из периода соборного служения, что всегда подходили какие-то бабушки и говорили:

– Дайте Херувимского ладана.

Ладан был на все случаи жизни: от головной боли, им лечились, клали под язык, рассасывая, зашивали в наволочку... Еще пользовалась популярностью вода с Херувимской:

– Когда архиерей омывает руки, эту воду не сливайте, а дайте мне! – говорила очередная старушка. Потом вода расходилась для каких-то нужд...

Это все народное, но крепко укоренившееся в сознании некоторых верующих людей.

Вот и женщина, поглощавшая дым, где-то что-то услышала...

Там же, в Новочеркасске, пришлось столкнуться с необычной народной традицией, которая относилась к таинству Соборования. Первое Соборование в возглавляемом мной в качестве настоятеля храме пришлось на дни Великого поста. Конечно, я многократно соборовал, как в частном порядке – индивидуально, так и массово, вместе с другими священниками. Соборование всегда проходило одинаково, согласно чинопоследованию. Однако в этот раз, о котором хочу рассказать, были замечены значительные коррективы, внесенные народом и допущенные с молчаливого согласия священников.

Первое, что меня насторожило, – большинство пришедших держали в руках сумки. Для совершения таинства по обычаю на середине храма ставится небольшой столик со всем необходимым. Продолжая подготовку, я наблюдал за происходящим. Церковные люди знают, что в каждом храме почти всегда есть прихожане, которые активны и ответственны, как Шурочка из фильма «Служебный роман». Так вот, несколько таких активисток стали готовить параллельно со мной не менее важное действо, которое пока мне было неведомо. Народ двинулся со своими сумками в угол храма, где располагался большой панихидный стол. Его застелили клеенкой, кто-то вытащил два эмалированных таза, и из сумок начали выкладывать хлеб и постное масло. Охваченный любопытством, я приблизился к столу, где активно шел непонятный мне процесс, а именно: часть постного масла выливалась в тазы, хлеб нарезался крупными кусками.

– Что вы делаете?!

– Батюшка, так надо. Занимайтесь своим делом, – прозвучал ответ от женщины, погруженной в процесс разлива масла.

Понятно, что разбираться непосредственно перед началом таинства было некогда, тем более что людей собралось немало. Соборование началось, все шло так, как предписано в уставе. Единственное, что от обилия содержимого в тазах и бутылках в храме появился запах рынка, где продают семена подсолнечника, макуху и «базарное» масло. Как только мы закончили, в какие-то доли секунды часть прихожан сорвалась с мест и ринулась к панихидному столу. Растерявшись окончательно, я просто стал наблюдать. Это можно сравнить со средневековым ритуальным пиршеством: люди брали хлеб, макали в масло и активно ели. Масло было везде, как потом оказалось, мой подрясник был тоже весь в жирных подтеках, хотя я не участвовал в необычной трапезе. После поедания остатки были распределены между присутствующими. Потом мне объяснили, что такая «благочестивая» традиция существует в храме давно и что это очень благодатно и полезно.

Все ушли домой. Остался я и несколько храмовых служащих. Оглядевшись вокруг, можно было заключить, что мы участвовали в «масляной вечеринке». Со временем, за несколько лет, мы прекратили эту практику поедания хлеба и масла в храмовом пространстве. Хотя традиция забирать после соборования освященный елей осталась не только в том храме.

Соборянки

Свою церковную деятельность я начал довольно странно. С бабушек.

Когда я пришел в Церковь, в ростовский кафедральный собор, то, естественно, попал в руки старушек. Они меня «обрабатывали», в хорошем смысле слова. В их интерпретации я получил первые знания. Они подарили мне печатный молитвослов. Для того времени это было чудо. Переписанные от руки апокрифы и умилительные церковные рассказы удалось прочесть именно благодаря этим женщинам, которые передавали друг другу ценные материалы.

Соборянки, старушки... Это были удивительные женщины, с которыми мне довелось общаться в Ростове и в Новочеркасске. Не случайно говорят, что именно они являются «солью земли», благодаря им удалось сохранить веру и церковную жизнь. В храмах всегда есть особы, достойные внимания. Мне бы хотелось рассказать о некоторых из них. Сейчас, спустя время, осознаю, как правильно поступал, когда много слушал. Нынче я особенно хорошо понимаю Василия Шукшина и Валентина Распутина, которые написали такие удивительные произведения именно потому, что умели слушать.

У нас в Церкви существует проблема: когда приходит священник, он становится центром внимания и всех разговоров, а ведь умение внимательно слушать – очень важное качество, поскольку среди калейдоскопа с виду одинаковых старушек можно встретить и Аксинью, и Соню Мармеладову, и Бритт-Мари... Есть такая увлекательная книга «Здесь была Бритт Мари» Фредрика Бакмана. Бритт Мари – этакая злобная старуха, которая к концу повествования раскрылась и стала невероятно глубоким человеком, способным дарить тепло, добро и сплачивать вокруг себя людей. Порой это неприметные женщины, но когда ты вглядываешься в них, то начинаешь понимать классиков, описывавших тяжелые, трагические женские судьбы. Для меня такими и были эти старушки: кто-то прошел через ГУЛАГ, кто-то похоронил всех близких, кто-то был на войне, застал блокаду...

В соборе были свои яркие личности. Были там и две бабушки, о которых наверняка помнят старые священники-соборяне. Одну звали Тоня, а вторую Дуся. Это две «скалы», которые охраняли – именно охраняли – панихидный стол. Каждый знает, что это за стол. В то время на панихидном столе можно было, как в «Елисеевском», найти все. Когда в стране толком не было продуктов, там обнаруживалась и тушенка, и сгущенное молоко, и даже икра! Собор находился рядом с Центральным рынком, поэтому на панихидном столе встречались и лещи, и много другой вкусной снеди. А старушки за всем этим надзирали, аки цербер (только двуглавый) из книги о Гарри Поттере, охранявший философский камень. Причем охраняли не на жизнь, а на смерть.

На дворе был конец восьмидесятых. Я был молодым человеком, когда начал иподиаконствовать и помогать в алтаре. Мне сказали, что если я помогаю, то имею право что-то брать с панихидного стола. Когда я к нему приблизился и потянулся за булкой хлеба, чтобы взять ее домой, то ощутил физически с двух сторон мощные электрические разряды. Эти женщины начали допытываться: кто я, чего хочу, почему беру? И если у Тони было лицо благородной женщины, то Дуся, с выдвинутой вперед челюстью и испепеляющим взглядом, была олицетворением чего-то злого и опасного. В конечном итоге я был изгнан из «зоны продуктового изобилия» со словами: «Это не тебе!»

Однако через какое-то время взаимоотношения наши наладились, и я стал их любимцем. Приходил к Тоне и к Дусе, и они складывали для меня пакеты со всякими вкусностями. Все распределялось: что-то в трапезную, что-то священникам, в архиерейский дом, ну и «по усмотрению». Усмотрение — это был их выбор. К ним никто не подходил, они не были кому-то подотчетны. Возможно, только настоятель и еще несколько человек, но только крайне аккуратно, не спугнув, могли их о чем-то попросить. Когда я познакомился с Тоней, то узнал, что она очень хорошо знала Патриарха Пимена. В то время, когда он служил в Ростове и был ключарем кафедрального собора, она поддерживала с ним очень добрые отношения. И что удивительно, они до последнего переписывались. Иногда она передавала ему варенье. Он же писал ей письма. Около Тони собирались все соборные персонажи, она разворачивала короткое письмо и зачитывала вслух. Там были какие-то очень теплые слова, всего несколько строк, а посредником в этой переписке был митрополит

Владимир (Сабодан). Мы-то не знали Патриарха Пимена, но это был, как нам казалось, «пастырь навсегда».

А Тоня и Дуся оставались до самой смерти на своем боевом посту, у панихидного стола.

Дневник памяти

Память – самое удивительное, что Господь подарил человеку. Совершенно особый феномен – детские воспоминания, хранящие мельчайшие детали нашей жизни. Иногда по истечении времени многие из них куда-то испаряются, но позже возвращаются вновь.

Мое детство и молодость ничем особенно не отличались от жизни многих моих ровесников. Каждый новый день дарил новые эмоции, впечатления и интересные знакомства.

Особая глава жизни – это студенчество: ты ищешь свой путь, мчишься навстречу ветру перемен, не оглядываясь назад, чтобы не упустить то, что уготовила судьба. В юности мы словно киты, пропускающие через себя тонны воды. Только это не вода, а события и ощущения, коих бесконечно много. Позже приходит осознание того, что лишь небольшой процент всего происходящего с нами оказывается полезным и жизненно необходимым. Со временем в голове возникают робкие вопросы, вначале они ненавязчивы, и поэтому нет необходимости искать на них ответы. Но однажды – правда, у всех по-разному – наступает момент переоценки ценностей, когда ты поднимаешься на новый виток своей жизненной спирали. Вот тогда-то память и начинает хаотично воспроизводить картины давно минувших лет. Лично у меня это случилось примерно в 40 лет. По долгу своего служения я нередко совершаю панихиды на кладбищах и встречаю там все больше и больше могил знакомых людей. В такие моменты особенно остро задумываешься о жизни и обо всем происходящем.

В один из вечеров, во время богослужения в храме, я вспомнил мальчика Гришу из школьного детства. Мне это воспоминание показалось странным, ведь за все прошедшие годы я ни разу не думал о нем. Гриша имел немало проблем со здоровьем и физических дефектов, которые были заметны окружающим, но, несмотря на это, он учился в обычной школе. Плохая координация движений, нелепая походка, сбивчивая речь, слабое зрение доставляли ему немало огорчений, и другие дети, его сверстники, нередко подтрунивали над ним. Хотя детей и принято называть «цветами жизни», порой эти цветы бывают довольно ядовитыми. Я вспомнил, как Гриша тянулся ко мне, как мы поехали в школьный лагерь...

Все с большим ужасом начинал я всматриваться в картину, которую рисовала мне моя память: мы с Гришей шли по берегу реки, и среди нас двоих, естественно, лидером был я, но он на многое и не претендовал, ему просто был нужен тот, кто будет с ним рядом.

Знакома ли вам ситуация, когда вы, приласкав котенка или щенка забавы ради, потом не можете от него отвязаться? В попытке отогнать животное приходится прикрикнуть на него либо громко топнуть ногой, а то и вовсе бросить камень... Что-то похожее произошло между мной и Гришей. Как только появлялись другие ребята из детского лагеря, я присоединялся к ним — среди шумных игр и беззаботного веселья Грише места не было. Вот только он, как назло, следовал за мной, и я, нимало не смущаясь, прогонял его, не желая давать другим ребятам повод для обсуждений и шуток из-за дружбы с ним. Так случалось нередко, но Гриша прощал мне мою жестокость ради тех мгновений, когда я снова «снисходил» до него. Эти воспоминания всколыхнули старые переживания и заставили меня заново прочувствовать все неприятные моменты.

Мысли о Грише не покидали меня: что с ним, жив или нет? Я стал каждый день поминать его в молитвах. Прошло немного времени, и мне случилось оказаться в городском парке. В ожидании назначенной встречи я сидел на скамейке. Вдруг меня будто пронзил электрический разряд... В сторону парка шли двое: очень пожилая женщина вела под руку слепого мужчину. И это был Гриша...

В первую минуту мне хотелось подойти к ним, что-то сказать, но я не сделал этого. Просто смалодушничал, струсил. Сейчас мне точно известно — Бог ответил на мой вопрос, что стало с тем мальчиком из школьного детства.

Теперь я молюсь о его здравии и приношу покаяние...

Наверное, многие задавали себе вопрос: почему в храмах молодых людей всегда намного меньше, чем возрастных. Возможно, так происходит из-за того, что с годами грех ощущается физически, и эта боль становится особенно сильной...

Где кассета?

В практике священника, несомненно, происходят случаи, когда бываешь не способен ни дать совета, ни сказать что-то жизнеутверждающее, ни отговорить от поступка, который может негативно отразиться на жизни кого-то из прихожан в будущем.

С подобным пришлось столкнуться и мне...

Это были девяностые, когда страна разваливалась, не было работы и денег не было. Ко мне на исповедь пришла девушка. Наверное, для того, чтобы найти поддержку и оправдание задуманному. Она не могла простить себе решения, принятого от безысходности, — твердого намерения сделать аборт.

Мы долго говорили, и она сказала, что это вынужденный шаг, ибо родители ее не принимают, поскольку беременность не от того, кого надо. Мужу она не нужна с ребенком, и денег у нее нет.

Было понятно, что разговор наш не даст положительных результатов, я не смогу вразумить ее...

Мы уж стали прощаться, как вдруг меня осенило! У меня была кассета с фильмом. Обычная такая кассета, VHS, с записью, которая сегодня не зацепит, наверное, никого. А тогда это был фильм, вызывавший сильные эмоции. Он назывался «Безмолвный крик» — повествование от лица эмбриона, разговор с мамой, которая собиралась его убить. В свое время это было находкой. Эту кассету мы показывали приходу, молодежи, использовали в работе с людьми.

Я сказал девушке:

– Ничего не буду вам говорить и, конечно же, не буду благословлять ваш выбор. Но вы посмотрите эту кассету. И пожалуйста, верните ее потом. Мне с ней работать.

...Прошло много лет. Я был переведен из Новочеркасска в Ростов. Однажды в Музыкальном театре, прямо напротив храма, проходило мероприятие, посвященное детству, юношеству и молодежи. Торжественная обстановка, множество людей, присутствовали владыка митрополит, губернатор региона и прочие статусные особы.

Вдруг ко мне подошла женщина.

– Здравствуйте! Вы служили в Новочеркасске? Вы же отец Даниил?

– Да.

– Вы, конечно, меня не помните.

– Конечно, я вас не помню. Даже не пытайтесь напоминать – столько лет прошло!

Рядом с ней стояла девочка-подросток. Мама сказала ей взять у батюшки (то есть у меня) благословение.

– Она у меня родилась! Помните, мы общались с вами, и вы дали мне кассету?

Я, конечно, невероятно обрадовался этой встрече. Ребенок, да еще и воцерковленный, который берет благословение...

Не знаю почему, но моей реакцией был вопрос:

– А где кассета? Вы обещали ее вернуть.

Женщина смутилась, сказала, что отдала ее подруге, оказавшейся в аналогичной ситуации, та еще кому-то, – в общем, «засмотрели».

– Фильм, который я увидела, произвел на меня очень сильное впечатление. Я приняла решение не делать аборт, родила дочь. И теперь невероятно счастлива. Спасибо вам!

Долго потом после нашей встречи не отпускало чувство, которое можно назвать счастьем...

Мир на ощупь

Если бы не было «ревнителей православия», трудно представить, что бы тогда мы делали...

Не один раз я слышал о том, что некоторых смущает резное объемное распятие, которое размещено в нашем Старо-Покровском храме. Аргумент у них такой: это не является традиционным для наших храмов и напоминает западную версию.

В связи с этим хочу поделиться случаем из моей пастырской практики, который останется в памяти навсегда. Это произошло в нулевых годах, в бытность мою священником в Георгиевском храме города Новочеркасска.

Восстанавливая один из старых городских храмов 1889 года постройки, мы меняли практически все, что можно было поменять. Были проведены газ, канализация, телефон. Храм заново расписали и заказали распятие. Оно было объемное, прекрасной работы – выполнено профессиональным мастером. По этому поводу тоже начались разговоры. Некоторые очень осторожно относились к такому новшеству.

Как-то раз в церковном дворе мы увидели направляющуюся в нашу сторону группу людей. Взглянув издалека, подумали, что как-то странно они передвигаются: сбились в кучу, словно держась друг за друга, и натыкаются на впередиидущих. Когда они приблизились, стало понятно, что это слепые дети из городского интерната для слепых и слабовидящих. С ними была воспитательница. Она рассказала мне, что эти дети сами решили пешком пройти по всем городским храмам и попросить у Бога исцеления. Сопровождающая попросила меня рассказать им об истории храма и прочитать молитву.

Это было очень трогательно и необычно, как оживший евангельский рассказ.

Я начал рассказывать об истории храма, а затем пригласил зайти внутрь. Когда они все нашли друг друга наощупь и собрались вместе в центре храма, я сказал: «А теперь посмотрите на иконостас...»

Через мгновение я понял, что посмотреть они не смогут...

Из затянувшейся паузы меня вывела воспитательница: «Батюшка, не переживайте, прочитайте просто молитву».

Я начал общаться с детьми, они подошли ко мне и попросили разрешения прикоснуться к моему лицу. Через минуту все они прикасались к моим одеждам, рукам, голове. Это чувство трудно передать.

И тут я осознал, что объемное Распятие – это то, что нам нужно! Я их отвел к Распятию . То, что я увидел, было больше чем молитва: множество детских рук трогали лик Спасителя, прикасались к Его ногам, рукам, нащупывали гвозди и шипы тернового венца. А лица были предельно напряжены и сосредоточены. Так я увидел очень необычное и предельно искреннее общение незрячих детей с Богом.

Это была настоящая молитва, которая дорогого стоит. Впоследствии мы с прихожанами не раз посещали этот интернат. Поэтому, когда я перешел в новый храм, одним из первых приобретений для прихода стал Крест, который и по сей день с нами.

Наш Андрей

Вечернее время перед сном, особенно когда сразу уснуть не получается, заставляет окунуться в прошлое, в которое ты вглядываешься как бы со стороны, словно листаешь альбом со старыми фотографиями. Тут-то и подмечаешь то, что всегда лежало на поверхности, но ранее тобою замечено не было.

В очередной раз «плывя по волне моей памяти», вспомнил случай, который произошел в новочеркасском кафедральном соборе, где я служил клириком. В тот день я приехал в храм, чтобы совершить таинство Венчания. Так случилось, что мое настроение не соответствовало радостному событию, и это было замечено гостями торжества.

Раздосадованные, они пытались донести до меня простую истину: священник на венчании не может быть так поглощен своими скорбными мыслями. Ибо он – священник и поэтому, наверное, всегда должен быть радостен, «чист и светел», несмотря на скорбь, наполняющую его душу.

По окончании таинства один из разгоряченных алкоголем родственников презентовал мне – «человеку, который не смеется» – бутылку вина. По его убеждению, она должна была поднять мне настроение. На том и расстались.

По прошествии многих лет, вспомнив этот эпизод, я также припомнил и причину, по которой не смог найти в себе нужных эмоций для торжественного момента.

В конце 1990-х я получил благословение окормлять новочеркасский онкодиспансер. Лечебное заведение находилось в старинном особняке, который до революции принадлежал купцу Шапошникову. Расположен он на центральной улице города. Пройдя тихий больничный дворик, попадаешь в холл. Большая парадная лестница, которая когда-то являла собой величие и достаток, была окрашена желто-коричневой краской, но, несмотря на высокие потолки, воздуха все равно не хватало, и внутри царил специфический больничный запах — лекарств, старых матрасов и болезни. Все это усиливало и без того гнетущее состояние тех, кто входил в двери лечебницы.

С чувством неуверенности я прибыл к месту нового послушания, так как не имел большого опыта общения с тяжелобольными.

Однако благодаря оптимистично настроенным пациентам, которые на первых порах стали моими учителями, я обрел уверенность в беседах с теми, кто воспринимал диагноз как приговор. У врачей, которые годами общаются со сложными больными, вырабатывается иммунитет к стрессу, ведь врач должен оставаться сильным и волевым, иначе долго не проработаешь.

К сожалению, мой ничтожный опыт не позволял находить своевременные и нужные слова на исповеди. Но, несмотря на это, меня всегда ждали и готовились к встрече. Каждый раз, когда я приезжал в диспансер, в самой большой больничной палате собиралось до двадцати человек. Мы служили молебен о здравии, потом была долгая исповедь и Причастие. После этого продолжалось общение.

В больничных палатах люди часто сменялись. Многие из них выписывались и возвращались домой, а кто-то уходил в мир иной...

Такой круговорот не позволял привязаться или привыкнуть к кому-либо. Как-то раз, по обыкновению, я приехал в больницу, чтобы совершить исповедь и причастить желающих. С первого взгляда заметил, что в привычной обстановке было нечто необычное: лица многих пациентов изменились, появилась жизнерадостность, и даже медперсонал был менее строг. Женщина, ожидавшая исповеди, еще в коридоре сообщила мне, что появился «новенький». До этого случая мне никогда не говорили о поступивших пациентах, так как это было делом обычным. Зайдя в больничную палату, увидел я, что большая группа больных совместно молится перед Причастием. Молитвы им читал высокий молодой парень с русским лицом, усыпанным веснушками. Заметив меня, он закончил чтение, подошел, чтобы поприветствовать, и назвал свое имя. Звали его Андрей.

Все присутствующие пациенты, многие из которых были уже в возрасте, были покорены юношей. За небольшой период своего пребывания в больнице он стал невероятно востребованным среди больных. Имея хорошее чувство юмора, Андрей помогал товарищам по несчастью хотя бы на время забыть о своем диагнозе. Это был генератор позитива. Во время исповеди мы познакомились с ним ближе, с его слов я узнал, что он — студент университета, но, к сожалению, вынужден пропускать сессию из-за госпитализации, однако уверен, что сдаст экзамены, ибо любит свою будущую профессию и продолжает готовиться даже в стенах больницы. Андрей был верующим и искренним человеком и вскоре стал для меня близким и родным. Думаю, что если бы его рукоположили, то из него непременно получился бы очень хороший священник.

Для нас Андрей был настоящей находкой. Перед моими визитами он готовил людей к Причастию, молился с ними. Но самое главное – он говорил. Говорил об их болезни, о том, что надо пытаться победить, смеялся вместе с ними и мечтал о будущем. Люди ему верили как никому другому, именно его слова утешения становились целебными для них – наверное, так было потому, что Андрей сам являлся одним из них: у него был лейкоз. Глядя на его бледное лицо с сияющими глазами, пациенты разных возрастов и социального положения искали любой возможности пообщаться с ним. Все называли его «наш Андрей».

В один из дней я снова приехал в больницу. Поднимаясь по широкой скрипучей лестнице, невольно сжался, когда мимо меня санитары пронесли умершего пациента, накрытого простынями. Стало не по себе, хотя ничего не поделаешь – ведь жизнь состоит не только из радости, но и из потерь. Когда же я вошел в коридор, где были расположены больничные палаты, мне показалось, что все, кто мог передвигаться самостоятельно, вышли проводить умершего. По лицам пациентов было понятно, что эта потеря коснулась каждого… Минуту назад мимо меня пронесли нашего Андрея.

Попрощавшись с ним, пациенты будто лишились поддержки и веры в благополучный исход болезни, потеряли надежду на выздоровление... Жизнь понеслась своим чередом, но образ доброго парня до сих пор стоит перед глазами, даже спустя два десятилетия. Именно смерть нашего Андрея и явилась тогда причиной моего непраздничного настроения при таинстве Венчания – перестроиться после прощания с Андреем я не смог...

Священники меня поймут: психологически очень непросто переходить из одного состояния в другое. Священник (настоящий священник!) – не лицедей. Нет у него защитного иммунитета от стрессов и беспокойств.

Да это и к лучшему, когда душа твоя не черствеет!

Венец жизни

> Чтоб за все за грехи мои тяжкие,
> За неверие в благодать
> Положили меня в русской рубашке
> Под иконами умирать.
>
> *С. Есенин*

Те, кто жил в советский период, помнят, что означала должность первого секретаря обкома партии. Их, конечно, можно сравнивать с нынешними губернаторами, но, на мой взгляд, советский глава региона был более масштабной и значительной фигурой.

Помню, в далеком детстве, когда в доме взрослые обсуждали «обстановку», непременно звучали несколько фамилий, которые произносились с благоговением, тихим голосом. В числе таких таинственных фамилий можно было услышать «Бондаренко».

Иван Афанасьевич Бондаренко был первым секретарем Ростовского обкома КПСС с 1966 по 1984 год. Герой Социалистического Труда, почетный гражданин города Ростова-на-Дону. Этого человека знала и уважала вся область.

Тогда я не особенно представлял, кто такой Бондаренко, но понимал, что хотя бы косвенная причастность к этой личности давала людям определенные возможности.

Судя по сегодняшним публикациям о его деятельности, можно сказать, что это был человек, сделавший много для города и области. Многие знаковые сооружения, памятники, здания, которые и по сей день служат горожанам, возведены в период его правления и при его непосредственном участии. За время его руководства в регионе построены главный железнодорожный вокзал, Ростовский аэропорт, речной вокзал, Ворошиловский мост. И это всего лишь малая часть перечня.

Но где-то в «параллельных мирах» тихо проходила церковная жизнь. Ростовскую епархию в тот период возглавлял архиепископ Иоасаф (Овсянников) – тихий старец, на которого власти обращали мало внимания. Для этого был Совет по делам религий и уполномоченные, которые на местах взаимодействовали с Церковью. Тогда сложно было себе представить стоящих рядом на каком-либо мероприятии главу региона и главу епархии. Когда престарелый владыка Иоасаф скончался, на Ростовскую кафедру был назначен энергичный и деятельный митрополит Владимир (Сабодан). Хочешь не хочешь, но с таким человеком светские власти не могли не считаться.

Через несколько лет после назначения в Ростов-на-Дону митрополит Владимир стал Патриаршим экзархом Западной Европы, а спустя некоторое время – управляющим делами Московской Патриархии и членом Священного Синода.

В Ростове-на-Дону его посещали высокие гости, как советские, так и зарубежные. С ним светские региональные власти и стали выстраивать диалог, поскольку не замечать его не представлялось возможным. Менторский тон диалога со стороны уполномоченных по делам религий стал заметно меняться. Все это давало возможность начать деятельность по возрождению церковной жизни на Дону.

Иван Афанасьевич Бондаренко неоднократно встречался с митрополитом Владимиром. Позднее, при моем личном с ним знакомстве, он кратко коснулся этой темы и тепло отозвался о владыке. Весьма необычно прозвучала его краткая характеристика в адрес бывшего Донского архиерея: «... Масштабный был мужик, глыба». Из уст верного ленинца, чиновника, партийного деятеля эта похвала дорогого стоила.

Так вот, спустя много лет мне удалось, что называется, вживую увидеть бывшего главу обкома партии на одном мероприятии, где мы оказались вместе. И хотя он был уже долгое время на пенсии, но не утратил стать крупного руководителя. Меня представили ему, и мне показалось, что он был несколько смущен. Иван Афанасьевич посчитал необходимым сразу сообщить, что нерелигиозен, и несколько раз применил ко мне слово «поп». Эта встреча была очень короткой и не предвещала никакого продолжения.

Прошло еще несколько лет. Однажды, входя в храм, я обратил внимание на пожилого человека. Он сидел на лавке недалеко от Распятия, опершись двумя руками на свою палку, поверх рук он положил голову, глаза были закрыты. Это продолжалось довольно долго. В тиши храма посидеть приходят, как правило, те, кто ищет уединения, хочет подумать, заглянуть в свой мир... Богослужение давно закончилось, и этот человек выглядел немного странно.

Я подумал, что не следует его беспокоить. Но, когда он начал вставать со своего места, все-таки подошел к нему, чтобы поприветствовать. Он очень занервничал, поскольку надеялся остаться незамеченным. От чашки чая отказался, и предложение побывать на службе также отверг. Сказал мне с недоумением, что сам не понимает, как он — партиец, проповедовавший атеистическую идеологию, — вдруг оказался в храме.

— Я не знаю, что это такое, но мне здесь хорошо. Поэтому, если не возражаете, буду приходить днем, во время своих прогулок...

Иногда я видел его в храме, и он, судя по всему, стал привыкать ко мне, при встрече мы беседовали. Говорили не о Церкви и не о Боге. Он рассказывал, как изменилось время и как оно разнится с советским прошлым, говорил о достижениях и событиях, участником которых был, о «стройках века», которые до сих пор очень важны для нашей области. И лишь изредка вскользь робко спрашивал о том, как люди исповедуются и что для этого надо.

Ходил он всегда пешком, поскольку жил в скромной квартире недалеко от храма. Надо сказать, что и будучи первым человеком в регионе, на работу в обком он тоже ходил пешком. Говорят, что во время своих пеших походов на работу или с нее он заходил в магазины, чтобы быть в курсе реальной действительности, чем невероятно пугал директоров, заведующих складами и продавцов.

В один из дней я присутствовал на каком-то мероприятии и был удивлен бесконечной вибрацией телефона в портфеле. Потом увидел большое количество пропущенных звонков с разных номеров. Перезвонил, и кто-то из областной администрации сказал, что было дано задание разыскать меня непременно и как можно скорее. Оказалось, накануне скончался Иван Афанасьевич. «Жаль, ведь с ним уходит целая эпоха. «Но почему такое внимание к моей персоне?» — удивился я, ведь все звонившие разыскивали меня по одному и тому же делу.

Как выяснилось, незадолго до своей кончины Иван Афанасьевич пожелал, чтобы после смерти его непременно отпели. И, что меня совершенно тронуло и поразило, он просил, чтобы отпевал его именно я.

— В Покровском храме на улице Большой Садовой есть священник Даниил, так вот, пусть будет он.

«Священник»... Как долго он шел к тому, чтобы в его понимании пренебрежительное слово «поп» превратилось в уважительное «священник»! Уверен, что вместе с этой, незначительной на первый взгляд, переменой за несколько последних лет в его внутреннем мире произошли тектонические по своим масштабам изменения. Да, многое, наверное, он не сумел в себе превозмочь, не решился прийти на исповедь, побывать на богослужении. Но то, что уже был им преодолено, свидетельствует о напряженной внутренней работе. Как будто бессознательно он готовил себя к вечности...

На следующий день состоялось его отпевание. С чувством благодарности за такое короткое, но запоминающееся общение с Иваном Афанасьевичем Бондаренко я прочитал разрешительную молитву над его гробом.

Он был идейным коммунистом, прожил жизнь по совести и оставил после себя много того, что до сих пор служит на благо области и ее жителей. Но он сумел при этом стать и христианином, что дало ему возможность осмыслить прошлое и подготовить себя к неведомому будущему.

К сожалению, в церковном сообществе принято ставить диагнозы, кто был праведником, кто жил грешником... Но очень часто мы забываем, что у Бога на каждого человека – Свои планы, которые нам неведомы. Этот человек был Ему нужен, потому что он был нужен людям, целому региону, и не только в шестидесятых, семидесятых и восьмидесятых годах, но и будущим поколениям. Глубина его духовных переживаний в конце жизни была неведома окружающим. Да и его самого, похоже, эти новые ощущения пугали. Но он не противился им, он шел им навстречу, открывался. Как мог, робко, по-простецки, но искренне. Я могу свидетельствовать об этом, потому что видел это в его угасающих глазах. Да, он стал христианином!

Покрестил

На мой взгляд, чувство юмора у человека – важная составляющая его жизни.

Наличие юмора священнику так же необходимо, как и любому другому.

Юмор упрощает общение с собеседником, с ним жизнь становится ярче и разнообразнее, с его помощью легко разрядить обстановку в нестандартных ситуациях. Только возможно это, если чувство юмора присутствует у обоих оппонентов или же он понятен группе людей.

Так сложилось, что чувство юмора у меня острее, чем у среднестатистического человека. Это было замечено окружающими еще в моей юности. Именно это доставляло массу проблем и приводило к недоразумениям.

Все мы учились в школе, и всем знакома ситуация, когда в ответственные и важные минуты кто-то безудержно начинал смеяться, тем самым задавая тон другим – будь то урок или торжественная школьная линейка, подготовка к «Зарнице», где пионеры и комсомольцы до хрипоты в урочное и внеурочное время пели патриотические песни, которые, к слову сказать, я до сих пор помню наизусть, и маршировали до исступления...

Вот в такие минуты одно неосторожное слово или гримаса могли привести нескольких человек в состояние, из которого их вывести было невозможно, – заразительный смех этих нескольких, в числе которых был и я, передавался целому классу. Иногда это приводило к срыву мероприятия, и, как результат, наступали последствия в виде «разбора полетов».

Такая смешливость совсем мне не мешала, а иногда в компании давала возможность задавать тон общему настроению. Но однажды описываемая способность чуть было не сыграла со мной злую шутку.

На дворе стоял 1994 год, недавно я стал священником и, продолжая очно обучаться в семинарии, совершал богослужения сначала в сослужении со старшими священниками, а затем и самостоятельно.

Преподаватели в священном сане помогали мне осваивать на практике совершение таких таинств, как Крещение и Венчание. И вот настал тот день, когда было принято решение доверить мне самостоятельно совершать Крещение.

То время было временем массового обращения к Церкви – люди в большом количестве приходили креститься и венчаться, зачастую без осознания серьезности происходящего. Я же проводил все обряды с удовольствием.

В один из дней меня пригласили покрестить ребенка. Из районного центра приехала семья с малышом, а соборные священники по разным причинам не смогли помочь приехавшим без всякой договоренности людям – кто-то еще служил, кто-то выехал на освящение дома, у кого-то был выходной... Остался один вариант – обратиться к студенту-священнику, и он, то есть я, не раздумывая согласился.

Все шло обычным чередом, как и учили: немного пообщался с людьми, рассказал об ответственности, которая лежит на родителях и восприемниках. Когда я говорил с ними, мне показалось, что легкий запах алкоголя доносится от мужчин, причастных к данному мероприятию. Естественно, от группы, прибывшей издалека и уже с нетерпением ожидавшей начала и скорейшего окончания крестин, сложно было тогда требовать особого внимания. Отправить же их домой было нельзя, по крайней мере мне, не имеющему никаких полномочий.

Начали готовиться к крещению. Люди изрядно волновались и суетились, поскольку потерялся восприемник. Женщины, раздраженные пропажей крестного, громкими криками, оглашавшими всю улицу, вернули вышедшего на воздух человека.

Крещение началось... Чтение положенных молитв; затем чинопоследование требует от человека сочетания со Христом. Медленно и внятно объясняю восприемникам, что им необходимо ответить на мои вопросы, которые будут заданы. Чувство, что меня начинают понимать, придает уверенности, что все закончится благополучно.

Беру младенца на руки, совершаю таинство. Меня никогда не покидает чувство трепета, пока ребенок в моих руках. Доходим до момента, когда восприемники с младенцем и священником трижды обходят купель.

Обойдя купель положенные три раза, я остановился, указал, куда должны были стать крестные, и, проследовав на свое место, продолжил читать далее положенное по Требнику. Читал медленно, внятно, с расстановкой. Во время чтения мне показалось, что за моей спиной происходит какое-то движение. «Нет, не может быть, я же их поставил на их места», – мелькнуло в голове... Но читать продолжаю. А когда повернулся к ним лицом, то, что я увидел, выбило меня из колеи. Они сосредоточенно продолжали все это время ходить вокруг купели с младенцем на руках...

Попытка сказать им, что уже можно остановиться, не привела ни к чему хорошему, поскольку из меня вырвался звук, скорее напоминающий крик раненой чайки. Мысленно представил, сколько кругов было сделано ими вокруг купели... Еле сдерживая хохот, с которым невозможно было совладать, я вышел в другое помещение. Через несколько минут путем невероятных усилий я смог взять себя в руки, вернулся и закончил крещение.

К счастью, участники таинства и не подозревали, что со мной произошло.

Прошло несколько десятилетий с тех пор, а я по сей день помню тот случай. Неловко, конечно, что такое произошло, но всякий раз, вспоминая, не могу не улыбнуться случившемуся курьезу.

Маруф

Это было в Новочеркасске, когда я только возглавил храм, начал входить в права настоятеля – присматриваться, прислушиваться...

Мне тогда было лет 27–28. И со мной произошла приятная, неожиданная встреча. Приехала одна ассирийка. Вопрос у нее был серьезный. Женщина не могла забеременеть. Куда они с мужем только не обращались!.. Единственная надежда осталась на Бога. Было принято решение приехать к священнику-земляку пообщаться. Когда ты понимаешь, что этот важнейший запрос нс в твоих компетенциях, то ты должен стать просто посредником между человеком и Богом. Я сказал ей:

– Давайте мы с вами помолимся, и будь что будет!

Мы помолились, я осенил ее крестом. Чувствовалось внутреннее благоговение, надежда, которую она возлагала на Господа. Поскольку без порыва со стороны человека, мне кажется, Бог не может действовать.

Мы больше не встречались. Но когда прощались, я сказал ей:

– Если вдруг родится мальчик, назовите его Маруф.

Незадолго до этой встречи я прочел житие святого Маруфа Ниневийского. Это этнический ассириец, который был епископом основанного им города Тигрита (по-гречески – Мартирополь), стоявшего на границе Византийской империи и Персии. И мне понравилось это имя.

Прошли годы. Я уже служил в Ростове. Меня пригласили в Новочеркасск – ассирийская диаспора отмечала там очередной национальный праздник. Танцы, угощения, встречи, общение...

Вдруг ко мне подходит взрослая женщина.

– Вы, наверное, не помните, моя дочь к вам приезжала.

– Знаете, ко мне приезжает столько людей, что я, конечно же, всех не упомню. Простите.

– Я хочу вам показать, что получилось. – И повернула голову, взглядом указывая на кого-то. Рядом с ней стоял мальчик. Было заметно, что он смущен, но смотрел на меня с интересом.

– Как тебя зовут?

А он отвечает:

– Маруф.

И сразу, до мелочей, вспомнилась мне давняя встреча с его мамой и наша с ней молитва, наполненная надеждой и верой. Именно ради таких моментов стоит жить!

После случая с Маруфом, после этого разговора я начал делиться впечатлениями со многими ассирийцами – все же друг друга знают. Ассирийская диаспора небольшая, но сарафанное радио работает без сбоев. Начались разговоры о том, что я – священник, помогающий женщинам, которые не могут забеременеть. «Только этого мне и не хватало», – подумал я. Такая перспектива вовсе не радовала. Я просто представил, что ко мне начнут ездить дамы... В таком случае мне придется купить себе медведя и вести прием на опушке леса. «Нет,

нет и нет! – стучало в висках. – Я совершенно далек от “старчества” и иных мистических вещей!»

Вопрос разрешился сам собой. Однажды раздался телефонный звонок:

– Вы ведь помогаете?..

– Знаете, я не совсем помогаю. Я ничего не делаю. Если вы хотите, то можно попробовать помолиться...

Так в скором времени эта история забылась, и жизнь вернулась в прежнее русло.

Бог даст, мы приземлимся

Многие люди так привыкли к церковным расхожим выражениям, что используют их в повседневной жизни. Они просто входят в привычку для некоторых. В стенах духовных школ воспитанники общаются именно таким манером: «Спаси Господи, во славу Божию...» На просьбу что-либо сделать тоже есть ответ: «Как благословите».

Видимо, людям кажется, что чем больше использовать такие фразы, тем духовно богаче станет их христианская жизнь.

Для тех, кто делает первые шаги в Церкви, речь, снабженная славянизмами, цитатами из Писания, имеет, по всей видимости, большое значение. Поэтому такие «вставки» выходят за пределы внутрицерковного общения и применяются на работе, в общении с друзьями, которые понятия не имеют, как реагировать на то, что они слышат от «благочестивого» собеседника.

Привожу в качестве примера случай, который произошел со мной во время паломнической поездки в город Бари (Италия).

Многие наши соотечественники, равно как и христиане из других стран, стремятся посетить город, где хранятся мощи святителя Николая. Особенно большой поток паломников приходится на дни памяти святого. Яркая палитра людей: католики, представители ближневосточных церквей, молдаване, греки и, конечно, русские, которых ни с кем не спутаешь.

По окончании торжеств народ расходится по многочисленным ресторанчикам этого приморского городка, где можно вкусно поесть и выпить легкого итальянского вина.

Но... Приходит время отбыть обратно на Родину.

Самолеты тогда совершали чартерные рейсы. В автобусе, который вез нас в аэропорт, были те же лица, что и в храме на службе. Люди разных возрастов и из разных слоев общества. Вот к автобусу наконец-то приковыляли две опоздавшие скрюченные бабушки, которые были похожи на коренья топинамбура. Нужно заметить, что таких путешествующих бабушек по всей Европе очень много, и печаль проникает в мое сердце, ибо русским бабушкам подобные странствия не по карману...

Двери закрылись, и автобус двинулся в сторону воздушной гавани.

После паспортного контроля мы отправились к самолету. Процесс рассадки прошел более-менее благополучно. Кто-то делился своими впечатлениями, кто-то стал погружаться в сладкий сон от усталости, кто-то отправлял сообщения по телефону, возвещая о вылете. В общем, как всегда, у каждого было свое занятие перед взлетом.

И вот мы взлетаем... Когда мы преодолели половину пути, началась сильная тряска. Не спавшие всполошились, а спавшие проснулись и тоже начали волноваться. Для меня колебания самолета всегда стресс, во время которого я обязательно надеваю обувь, если снимал ее при долгом перелете, замираю и стараюсь сидеть тихо, не шелохнувшись. Сделав все свои бесполезные, но для меня важные манипуляции, я по обычаю, замираю, как опоссум, который чувствует бедствие.

Через некоторое время к пассажирам обратился командир воздушного судна.

У командиров экипажей почти всегда голоса уставшие, невнятная речь, как почерк у участкового врача. Сдавленным голосом, как будто его только что освободили из-под завала, он поприветствовал нас и сообщил, что мы попали в зону турбулентности, что за бортом минус 50 градусов, и далее по списку то, что обычно говорят пассажирам. Он отключился. Тряска усиливалась, многие озабоченно смотрели в иллюминаторы.

Не знаю, что двигало командиром экипажа, но когда он решил снова обратиться к нам, то сказал:

— Дорогие друзья, напоминаю, что мы находимся в зоне турбулентности! — А затем прозвучала фраза, воспринятая как приговор: — Если Бог даст, мы приземлимся в Ростове-на-Дону в означенное время.

Лучше бы он этого не говорил. Почти все воткнули свои пальцы в кнопки «вызов стюардессы»!

Стюардессы сидели, наглухо пристегнутые к свои креслам, так как ходить не было возможности. Народ паниковал. Все задавали друг другу вопрос: почему он так сказал, неужели никаких шансов?.. По губам было видно, как люди истово молились. Стюардесса со своего места пыталась объяснить, что это нормально, поскольку турбулентность бывает часто, но ее никто не слушал.

Невольно вспомнился анекдот про водителя автобуса и священника, которые оказались после смерти на суде. Первый удостоился похвалы за вождение, во время которого народ молился, а священник был осужден, потому что во время его служб люди дремали. Когда мы все-таки приземлились, все вздохнули, перекрестились, и зазвучали аплодисменты. Но не такие вялые, как бывает обычно при посадке, а бурные, переходящие в овации, какие мы слышали когда-то на съездах КПСС.

Когда мы выходили из самолета, командир экипажа выглянул из кабины, чтобы объяснить нам, как он хотел нас поддержать и быть причастным к сообществу верующих. На него смотрели как на героя, который вывел самолет из критической ситуации.

Это было самое запоминающееся воздушное путешествие…

ЧАСТЬ 2
АССИРИЙСКАЯ ЛЕТОПИСЬ

Беженцы

Размышляя о вынужденных переселенцах, невольно пытаешься вникнуть в этот трагический процесс, осмыслить и понять его. Мысли о беженцах вызывают у меня ассоциации, связанные с рядом исторических личностей.

Одним из таких людей представляется мне ветхозаветный патриарх Авраам. Человек, у которого было все, и даже больше того. В определенное время он получает от Бога повеление покинуть пределы, в которых жил, и отправиться в землю, уготованную ему и его потомству. При этом повеление было без каких-либо гарантий, и его исполнение основывалось лишь на глубоком доверии Творцу. Ветхозаветный праведник принимает благословение Бога как данность. Когда мы читаем об этом в Священной Книге, нам может показаться, что сильный духом Авраам с легкостью откликается на этот призыв. Но если задуматься, каким непростым было это решение! Уверен, что калейдоскоп противоречивых мыслей проносился в его голове, ведь он оставлял родные для него места, отеческие могилы, где покоились близкие сердцу люди... И лишь глубокая вера двигала старцем, позволяя всякий раз на призыв Бога отвечать Ему: «ДА!»

И все же моя ассоциация весьма субъективна, поскольку в полном смысле беженцем Авраам не был. Да и само понятие «беженцы» в разные исторические периоды меняется. Сегодня, к большому сожалению, в мире все еще есть беженцы. Они терпят лишения, их пугает неизвестность, что всегда трагично для человека. Не смею браться рассуждать, что нынешним переселенцам легче, чем в былые времена, скажу лишь, что на сегодняшний день эти несчастные имеют возможность воззвать к общественности, вспомнить о своих правах – и иногда они бывают услышаны обществом.

Но бегство в то время, о котором хочу сказать, превосходит слабые человеческие силы.

Геноцид – слово, за которым стоят отчаяние, безнадежность, горе и потери...

Многие народы претерпели в своей истории лишения и изгнания. Евреи пережили холокост, и не только его. Во время Второй мировой войны в фашистских застенках тотально уничтожались представители многих народов, советский ГУЛАГ поглотил неимоверное количество своих же граждан.

Можно бесконечно перечислять злодеяния, которые совершаются в среде человеческой и по сей день.

Некоторые страны, в которых осуществлялся геноцид, признают содеянное постыдными страницами своей истории. К примеру, в Германии до сих пор с осуждением относятся к фашистскому режиму. Немцы на территории своей страны из бывших концлагерей сделали музеи памяти. Казалось бы, для чего бередить раны прошлого? Ответ однозначно один: пока нация помнит о том, от чего хочется избавиться как от страшного сна, это гарантия того, что подобное не повторится.

Память человека очень цепкая, память народа еще более глубокая, в ней хранится все, что имело место в истории. Сегодня в мировом сообществе ничтожно мало внимания уделяется геноциду, происходившему на Ближнем Востоке. Но как бы в мире ни старались забыть о ближневосточных изгнанниках, сами пострадавшие народы трепетно хранят на генетическом уровне память о страшных страницах прошлого. И без этого они не мыслят своего бытия.

К таким народам относятся ассирийцы, греки, армяне...

В каждой ассирийской семье есть предки-мученики, ведь этот народ пережил не одно гонение в своей истории.

В далеком прошлом Ассирийская империя славилась своим развитием во многих направлениях: армия, медицина, архитектура... Сегодня материальные свидетельства об исчезнувшей цивилизации археологи извлекают из земли на Ближнем Востоке и в Передней Азии, где ранее была территория древнего государства. Совсем недавно произошла трагедия, унесшая исторические артефакты иракских музеев, которые были безжалостно уничтожены представителями запрещенной в нашей стране организации «Исламское государство» (ИГИЛ). До сегодняшнего дня продолжается война с уже не существующей на карте Ассирией, с сохранившимся по Промыслу Божию небольшим христианским народом — ассирийцами.

Ассирийцы приняли христианство в I веке и до сего дня хранят свою веру.

В нашей семье есть свои беженцы и свои мученики. Да и как же иначе? Чтобы оказаться в России, наши предки прошли кровавый путь скорби, который начинался в Турции и Иране. Знаю по воспоминаниям, что мои дед и бабка прибыли в Россию в начале XX века. К сожалению, сведения о них очень скудные. История семьи моей супруги также не изобилует свидетельствами. И все же есть отрывочные воспоминания, которые хотелось бы сохранить.

Речь пойдет о бабушке моей жены. Она жила в Краснодарском крае, в городе Лабинске. Городок ничем не примечательный, один из многих среднестатистических, но для нас он важен тем, что там проживало много ассирийских семей. Кроме того, рядом с Лабинском расположено легендарное село с ассирийским названием Урмия. Можно сказать, что это маленькое село является неким национальным центром, куда ежегодно на несколько праздничных дней съезжаются ассирийцы из разных уголков России.

В Лабинске мне доводилось бывать неоднократно, в том числе в далеком детстве. И я отчетливо помню немногословную старую женщину, которая казалась мне совсем ветхой. На все шалости, которые мы затевали во дворе, она смотрела снисходительно, хотя пыталась нас урезонить. Перед ней мы не чувствовали робости, в отличие от более строгого деда, которого побаивались. Они часто сидели вместе, как два засыхающих дерева. Тогда нам не приходило в голову, что в их памяти хранится невероятная информация об их прошлом, в котором были великие потрясения. Вспоминаю ее уже бесцветные глаза, устремленные в одну точку... Так она могла сидеть очень долго. Думаю, что тот отсутствующий взгляд не был бесцельным взглядом старухи, доживающей свой век. Возможно, этот взгляд был обращен в прошлое, в трагедию, которую пришлось пережить. Наверное, поэтому она была невозмутима – ее эмоции остались там, откуда она пришла.

1910 год, Турция, район Джилу, селение Бибукра. Многие ассирийские семьи были вынуждены принять решение покинуть землю, которая стала для них домом. Долго раздумывать не приходилось, поскольку турки день ото дня делали жизнь все более невыносимой. Родители маленькой девочки – отец Шуту и мать Мария – мучительно думают, что делать с пятилетней дочерью Хаземой. Их старший сын Осман идти сможет, а Хазема, скорее всего, не выдержит пути. Этим вопросом задавались все, у кого были дети. Иногда родители вынуждены были делать выбор в пользу старших и, чтобы спасти хотя бы их, младших оставляли. То, что происходило с оставленными детьми, можно только представить... Кто выживал, был вынужден принимать ислам.

Нужно отметить, что многие греки, которые пережили геноцид и остались на территории Турции, были подвергнуты вынужденной исламизации. До сегодняшнего дня большая их часть являются тайными христианами, что не дает им забыть о своем прошлом.

К примеру, в Трапезунде, где расположен древний монастырь Панагия Сумела, построенный еще во время расцвета Византийской империи, а после захвата оскверненный, в день Успения Пресвятой Богородицы раз в году собираются паломники. Это преимущественно греки, которые жили когда-то на этих территориях.

Среди приехавших из разных стран греков можно встретить немало людей, внешне ничем не отличающихся от турок. Они робко стоят у стен монастыря под присмотром турецкой полиции. Эти люди — так называемые «турки», отуреченные в ходе геноцида и насильственно обращенные в ислам греки, — безмолвно молятся в том месте, где их предки беспрепятственно возносили свои молитвы к Богу, и созерцают величие отнятого, утраченного, оскверненного, но не забытого.

Но вернемся к истории маленькой ассирийской девочки Хаземы.

Шуту с другими мужчинами вступил в отряд, чтобы оказывать сопротивление туркам и турецким наемникам — курдам, но вскоре был убит. Мария должна была принять окончательное решение уже самостоятельно. Ни материнский инстинкт, толкающий на спасение хотя бы одного из детей, ни рассудительные советы родственников оставить Хазему и отправиться в длительный путь только с сыном, так как шансы на спасение возрастут в разы, не могли убедить ее поступить иначе. Она решает, что будет нести дочку на плечах, сама с трудом осознавая, каким скорбным будет их путь ко спасению. По этому же пути шла и моя бабка — она за спиной несла свою маленькую дочь, которой не суждено было покинуть пределы Турции: курдские наемники стреляли в спины уходящим детям, женщинам и старикам. Моя бабка осталась жива, потому что пуля попала в дочь. Убитую она оставила, а сама двинулась дальше, к несчастью, «налегке».

А Мария шла с сыном и дочерью. Трудно представить, о чем думали эти люди во время своего бегства. Кто-то спешил к парому, чтобы оказаться в России. Кто-то прошел пешком весь путь через Кавказ. В то время Россия переживала свои потрясения — впереди маячили революционные события. Размышляя над судьбой ассирийского народа, задаюсь вопросом: «КАК???» Как удалось спастись, выжить? Как сохранили веру, язык и культуру? Ответ для меня как для священника очевиден — Бог был всегда рядом. В противном случае семья маленькой Хаземы, как и другие ассирийские семьи, не нашла бы в себе силы пережить то, что было им уготовано.

Мы не знаем подробностей их пути. Известно, что они прибыли в Россию и оказались на юге страны, в Армавире. Долгая дорога стала для матери двоих детей губительной. Разбитые в кровь во время тяжелого пути ноги не заживали. Но Мария не имела права думать о себе. Она вела своих детей к мирной жизни. Прибыв в Россию, Мария, наверное, почувствовала, что ее миссия по спасению детей выполнена. Вскоре у нее началась гангрена, и она умерла.

Оставшись вдвоем, подросток Осман и его маленькая сестра Хазема пытались выживать в стране, где сами жители были разорены. Дети жили где придется, ели, что могли выпросить. Хазема рассказывала в старости, что они с братом очень любили русские праздники Пасху и Рождество — в это время они могли есть до отвала. Люди давали яйца и куличи, зимой дети колядовали. В общем, спасались попрошайничеством. Осману было стыдно ходить по домам, поэтому он давал поручения своей младшей сестре. Маленькой оборванной девочке с восточными чертами лица почти никогда не отказывали.

Однажды на Хазему около одного дома напала собака и сильно искусала. Плач, кровь, крики... Выбежали хозяйка, соседи, все стали успокаивать — у русского человека есть потребность помогать в беде. Они привели потерпевшую в дом, промыли рану, забинтовали и, конечно же, накормили.

Жизнь шла, нерусские дети примелькались на улицах Армавира. Прибывшие в Россию ассирийцы, немного обустроившись и придя в себя после бегства, начали отыскивать своих родственников и знакомых. В сводки «ассирийской почты» попала информация о двух армавирских бродяжках. Как оказалось, в Москве жил их родной дядя Нисан, брат убитого отца. Их встреча состоялась в Москве — они наконец смогли приехать к нему. Дядя дал им свое отчество, дом и все, что нужно человеку, чтобы не считать себя брошенным.

Жизнь Османа сложилась не лучшим образом. В 1930-е годы он был отправлен в Сибирь на лесоповал, где и умер. Хазема вышла замуж за ассирийца, которого звали так же, как и брата, — Осман. Со временем они переехали в город Лабинск, у них родились дети. Дети родили им внуков. Их двор стал своего рода ассирийским центром, куда постоянно съезжались родственники и знакомые. Там всегда было много гостей, звучала ассирийская речь и музыка, стол был накрыт. Этот двор, когда я был ребенком, казался мне очень большим — целым миром. Сегодня, когда я бываю в том дворе, он кажется мне совсем маленьким, но не менее притягательным, потому что все наши родственники собирались именно там.

Всякий раз, вглядываясь в лица старых людей, переживших тяжелейшие испытания, находишь в них, словно на страницах книг, свидетельствующих о трагедиях, отпечаток той боли, которую довелось им пережить. Их боль и страдания передаются из поколения в поколение, и складывается впечатление, что не только культура, но и сами гены ассирийского народа помнят эту боль и страшатся снова соприкоснуться с ней.

Ты еси Бог творяй чудеса

Мое пастырское служение неотделимо от народа, к которому я принадлежу. Многие ассирийские семьи, которые мне были знакомы с юности, впоследствии стали постоянными прихожанами храма, а я стал для них священником, который крестит, венчает и провожает в последний путь. Оглядываясь в прошлое, могу сказать, что рад возможности послужить людям, с которыми связывают общие корни.

Судьбу ассирийского народа нельзя назвать простой, он пережил не один геноцид. Ассирийцам, как и людям других национальностей, жившим в СССР, было непросто сохранить свою веру. Власть всеми силами пыталась изгнать из людского сознания Бога, она создавала новый вид человека – Homo sovieticus. Несмотря на это, ассирийцам, возможно, не в полной мере, но удалось сохранить религию предков. Ведь старики, которые помнили ужасное бегство из Турции и переселение из Ирана, рассказывали о пережитом внукам. В те страшные времена многие предстали перед Богом как мученики и исповедники Христовы. Но и сегодняшнее поколение продолжает с болью смотреть в сторону Ближнего Востока, где земляки по сей день свидетельствуют кровью о своей вере.

Так вот, в течение 25 лет служения я узнал много ассирийских семей. Ясное дело, что в каждом народе есть разные люди, по которым нельзя судить о народе в целом, но в большинстве своем ассирийцы отзывчивы и позитивны. Историй, связанных с ними, о которых хочется рассказать, было немало, но наиболее памятным эпизодом в моей практике стал следующий случай.

В один из дней к храму, где я был настоятелем, приехал глава одного ассирийского семейства – достойный и уважаемый человек. Он был напуган и не мог рассказать по порядку, что случилось. Единственное, что было ясно, – надо срочно ехать в больницу к его внуку, который попал в реанимацию. Пока мы добирались до больницы, его внутренне состояние тревоги передалось и мне. Когда мы подъехали, увидели, что у больницы собралось большое количество родственников. Ужас, отчаяние и слезы...

На месте мне удалось выяснить, в чем дело. Оказалось, что мальчик был в аквапарке и потерял сознание после неудачного прыжка в бассейн. Его вытащили из воды и доставили в реанимацию, пытаясь привести в чувства и вернуть к жизни. В подобных ситуациях люди начинают использовать все возможные способы, чтобы спасти попавшего в беду ребенка, и я понимал, что в тот момент на меня возлагали большие надежды, но не знал, чем могу помочь. Показывать свою растерянность людям, надеявшимся на чудо, было нельзя, поэтому, собравшись с мыслями, я постарался войти в реанимацию уверенным шагом.

Малыш, подключенный к аппарату искусственного дыхания, лежал без сознания, в палате остались только я и медперсонал – родственники ждали за дверью.

Понимая, что «воздвигать больных» – это не про меня, начал искать в Требнике последование, необходимое в данной ситуации, но от волнения сосредоточиться просто не мог. Попытка прочитать молитвы на память также не увенчалась успехом. Одна из медсестер, заметив замешательство молодого священника, подошла и сказала, что нужно время, чтобы понять, сможет ли справиться с травмой детский организм и вернется ли ребенок в сознание. К сожалению, только в подобные моменты можешь в полной мере понять, что от тебя ровным счетом ничего не зависит и помочь способен только Бог. Перед тем как выйти из реанимации, я попытался обратиться к Господу как умел: сумбурно, неуклюже и несколько бессвязно. Перекрестив ребенка, я отправился к выходу – к тем, кто с трепетом и надеждой ожидал от меня хороших вестей. Не успел я выйти из палаты, как мальчик открыл глаза и закричал. Сразу же началась суматоха: забегали врачи, медсестры... Я просто опешил, так как совершенно не ожидал такой быстрой обратной связи от Того, к Кому так неумело обратился. Реакцию родственников описывать нет необходимости – снова были слезы, но в этот раз от счастья и благодарности «чудотворцу». Еще долгое время все находились под впечатлением от происшедшего, но, к счастью, в кратчайшие сроки удалось погасить восторги от моих «сверхспособностей».

Сегодня мы встречаемся на национальных праздниках, и мне всякий раз приятно видеть мальчика, который стал уже совсем взрослым. При встрече мы иногда вспоминаем ту историю. Хочется пожелать ему, чтобы, как и раньше, он был храним Богом.

Круговорот истории

Еще один герой моих воспоминаний — священник-ассириец. Но прежде чем говорить о нем, мне представляется важным сказать несколько слов о его отце — Михаиле Юхановиче Садо.

В бытность мою студентом многие наши преподаватели из числа духовенства были выпускниками Ленинградской духовной академии. Когда они узнавали о моей национальности, все как один говорили, что у них был преподаватель-ассириец, и все единодушно отзывались о нем крайне положительно. Он преподавал им еврейский язык. Невероятно интересный и интеллигентный человек. История его жизни непростая: родился он в Ленинграде, дед его был священником, которого расстреляли в 1938 году. Михаил Юханович дважды сидел в лагерях, в 1980 году был освобожден и принят на работу преподавателем в Ленинградскую духовную академию. Этот многогранный человек, будучи лингвистом, семитологом, общественным деятелем, внес большой вклад в науку. Но самым главным делом его жизни, на мой взгляд, является книга «Материалы к биографическому словарю ассирийцев в России», написанная на основе собранной им информации об ассирийцах в нашей стране.

Мы дважды виделись с Михаилом Юхановичем, и он стал для меня настоящей легендой.

Начатую им работу продолжил его сын. Отец Стефан и я, знавшие друг друга заочно, встретились, когда он работал в областных архивах, отыскивая имена ассирийцев, которые затерялись в годы репрессий, войн и т. д. В одну из наших встреч отец Стефан подарил мне книгу «Мартиролог ассирийцев СССР» – результат совместного творчества отца и сына, своего рода «книга памяти». Ее издание потребовало много времени, сил, средств, массы поездок в различные регионы бывшего Советского Союза, кропотливого изучения рассекреченных документов. Титанический труд... И сегодня отец Стефан продолжает свою работу, ездит по городам, находит новые сведения в документах, с которых периодически снимают гриф «Секретно».

«Что для ассирийцев значит эта книга?» – спросите вы. Во многих семьях знают по рассказам стариков, что у них были дедушка, бабушка, тети, дяди, кто-то еще из предков, которые исчезли в круговороте истории. И люди, открыв эту книгу и не веря своим глазам, вдруг находят своих родных, видят фото и даже краткую историческую справку. Это все равно что получить похоронку с войны с указанием «пропал без вести», а через много лет узнать обстоятельства жизни и смерти, место захоронения. Это дорогого стоит. Получив книгу, я нашел там имя своего деда, о нем была дана небольшая справка. Ко мне стали обращаться семьи ростовских ассирийцев с просьбой проверить в книге, как в справочнике, имеющиеся у них данные. И я, найдя нужную информацию, отправлял им сведения об их близких.

Помимо всего, отец Стефан является насельником Александро-Невской лавры в Петербурге и заведующим библиотекой Санкт-Петербургской духовной академии на протяжении многих лет. Аскетичное лицо с большой бородой, уравновешен, не эмоционален, что несвойственно для восточного человека, у которого эмоции обычно выплескиваются наружу через край. Правильная речь выдает человека книжного, а словесные обороты – коренного петербуржца. Однажды, когда он работал в ростовских архивах и зашел ко мне домой, я обратил внимание на его взгляд – он был ровным и спокойным до того момента, пока мы не вошли в мой кабинет. Глаза включились, словно лампочки, когда на полках он увидел книги. Мне пришлось дать ему время, чтобы он смог полистать некоторые из них. Отец Стефан доставал их, бережно открывал, смотрел год выпуска, тираж и прочую информацию. И мне стало понятно, что академическая библиотека – в надежных руках специалиста. В этот вечер он подарил мне икону Покрова Пресвятой Богородицы в память о своем отце.

Сегодня эта старинная икона всегда перед моими глазами, она напоминает мне о двух замечательных людях, с которыми мне посчастливилось познакомиться... О настоящих христианах и достойных сыновьях своего народа.

Патриарх Мар Дынха

В 2014 году по приглашению Святейшего Патриарха Кирилла в Россию приехал Предстоятель Ассирийской Церкви Востока[1]. В Москве прошли встречи на уровне Патриархов. Мар Дынха встретился с московской ассирийской общиной. Также запланировано было посещение общин в южных городах, в числе которых оказался и Ростов-на-Дону. Надо сказать, Патриарх Мар Дынха не был в России очень долго. Последний его визит состоялся в восьмидесятых годах XX века. Получив письма из Патриархии о том, что приезжает высокий гость, мы начали подготовку к встрече.

Местом, где должны были принять Предстоятеля Ассирийской Церкви, был выбран Старо-Покровский храм, где я являюсь настоятелем. Этот Патриарх имел весьма большую популярность в среде ассирийцев. Помню, в далеком детстве, бывая в домах у ассирийцев, я видел на стенах два портрета: на одном был изображен Патриарх Мар

---

[1] Ассирийская Церковь Востока – христианская церковь восточно-сирийского обряда, одна из доэфесских церквей, возникшая в I веке среди населения Месопотамии, говорившего на арамейском языке. Ее иногда называют «несторианской», хотя сама церковь Востока это название не признает. Последователи Ассирийской Церкви Востока живут в Ираке, Сирии, Иране, США, Армении и других странах. Число верующих – до 400 тысяч человек.

Шимун, который принял мученическую смерть (он был и остается духовным символом нации), на второй фотографии всегда был Патриарх Мар Дынха. И вот этого легендарного Предстоятеля Ассирийской Церкви Востока мне и выпала честь встретить под сводами нашего храма.

С Патриархом прибыл ряд иерархов Ассирийской Церкви, о членах которой тоже стоит рассказать.

Одним из членов делегации был митрополит Мар Апрем (Ефрем), который управляет приходами в Индии. Он – незаурядная личность. Отучившись в Индии, Англии и Америке, он получил блестящее образование, защитил докторскую диссертацию по философии, написал много книг по истории Церкви, богословию и другим дисциплинам. Прекрасный рассказчик, обладающий живым умом и тонким чувством юмора.

Еще одним членом делегации был епископ Мар Исхак. Мое знакомство с ним состоялось в далеких девяностых, когда он был настоятелем ассирийского храма в Москве. Он немало сделал для организации приходской жизни ассирийцев в столице, его авторитет в диаспоре был очень высок. По прошествии времени после нашего знакомства его рукоположили в сан епископа, и Мар Исхак стал окормлять ассирийские диаспоры в России и странах СНГ. О нем до сих пор остались добрые воспоминания как о человеке, умеющем выстраивать искренние отношения с ассирийцами, принадлежащими к разным конфессиям. А это очень важное качество священника, особенно в диаспоре, – не делить народ на «своих» и «чужих».

В составе делегации также был епископ Мар Ава Ройел. С ним я познакомился непосредственно во время визита. Служит он в США, являясь при этом секретарем Священного Синода Ассирийской Церкви Востока. Он образован, с хорошими манерами, очень дипломатичен и весьма эрудирован. Думаю, что такой епископ, хотя еще и достаточно молодой, не мог не снискать уважения своей паствы.

Последний, кто встретился нам в делегации, — возглавляющий митрополию в Ираке митрополит Мар Геворгиз. Его деятельность в этой стране была весьма обширна: на территории страны возводились храмы, были открыты семинария и духовные школы, собрана уникальная коллекция ассирийских рукописей, издавалась образовательная литература, рукополагались священнослужители для новых храмов. Но на его пути были и трудности.

Однажды во время совершения Божественной литургии, которую возглавлял митрополит, начался авиационный обстрел, снаряд попал в храм, часть свода обрушилась, осколки разлетелись по помещению. Богослужение было прервано, оставшиеся в живых вместе со священниками помогали раненым, а убитых выносили во внутренний двор.

Один только этот пример из его жизни воскресил в моем сознании то, о чем приходилось лишь читать в книгах по истории Церкви. Ведь мы, живя в покое и благополучии, иногда не можем себе представить, что где-то до сих пор убивают, что где-то до сих пор существует геноцид...

Через некоторое время после этой нашей короткой, но очень трогательной встречи в России митрополит Мар Геворгиз возглавил Ассирийскую Церковь Востока, сменив умершего Патриарха

Мар Дынху. Мне кажется, важной заслугой нового Патриарха является то, что престол ассирийского католикоса вновь оказался в иракских пределах, ведь до этого, начиная с первой половины XX века, Патриархи Ассирийской Церкви Востока жили в США. Просто Мар Геворгиз не смог оставить свою паству, которую хорошо знал и которая знала и чтила его.

Но вернемся к началу повествования.

Итак, Патриарх Мар Дынха прибыл в наш город.

Накануне он встречался в Москве с Патриархом Кириллом, а также с ассирийской диаспорой в церкви Мар Марьям. Там был открыт памятник Патриарху-мученику Мар Шимуну.

Мы приготовили храм к встрече, пригласили прессу, которая должна была освещать визит. Утром мне позвонили и сказали, чтобы я прибыл в резиденцию, где остановился Патриарх, откуда со всей делегацией мы должны будем приехать в храм.

Войдя в гостиничный комплекс, я увидел всех собравшихся. Не было только Патриарха. Через некоторое время он вышел из своих апартаментов.

Тот образ, что был знаком мне по фотографиям, и образ человека, что предстал передо мной при личной встрече, полностью совпали. Разница только в летах. Первое, что пришло на ум, – он похож на ближневосточного аристократа. Несмотря на возраст и имеющиеся недуги, Патриарх был подтянут, энергичен, борода идеально подстрижена; приятная улыбка, безупречно сидящая одежда, соответствующая сану. Словно воплотившийся мудрец из восточных сказок.

После краткого обмена приветствиями духовенства Русской Православной Церкви с архиереями, сопровождавшими Главу Ассирийской Церкви, меня представили ему. К своему стыду, я не говорю на ассирийском языке, поэтому мы общались через переводчика. Он спросил меня о моих предках, о том, откуда они прибыли в Россию. Оказалось, они были из того же региона, что и сам Патриарх. Затем началось чаепитие и обсуждение предстоящего дня, который обещал быть весьма насыщенным.

И вот мы подъезжаем к храму. Встречает Патриарха епископ Волгодонский Корнилий (митрополит Меркурий отсутствовал, так как был в Москве). Также там собрались представители администрации области и города, руководители диаспор Ростова-на-Дону и Краснодара.

Войдя в храм, Патриарх и сопровождавшие его лица встали посередине и запели «Отче наш» на ассирийском языке.

Особое чувство переживаешь, когда слышишь язык, на котором говорил Господь и на котором говорили твои предки. Рад я был и тому, что в стенах храма, где служу, звучит патриаршая молитва впервые. Потом епископ Корнилий от имени главы Донской митрополии огласил приветствие и преподнес в подарок икону.

После окончания официальной части все спустились в трапезный зал. За обедом в более свободной обстановке можно было пообщаться. Чтобы познакомить гостей с нашим хоровым искусством, был приглашен полный состав хора. Они исполнили церковное песнопение «Земле Русская» и народную песню. Хористы подошли очень ответственно к своему делу и спели просто замечательно! Гости были впечатлены и заинтересованно слушали. Это объясняется тем, что манера песнопений в наших Церквах очень разная, а все необычное воспринимается особенно ярко.

Митрополит Мар Апрем сказал, что обязательно отразит в своей очередной книге визит в Россию и не забудет поделиться впечатлениями о русском хоре. Надеюсь, что старец воплотил в жизнь свое обещание, это было бы очень приятно.

Заключительное слово за обедом произнес Патриарх. Он говорил о важных вещах: о необходимости доброго отношения друг к другу, о том, что ассирийцы не должны разделять себя по признаку принадлежности к Церкви – Православной, или Восточной Ассирийской, или Халдейской, потому что нас объединяет единый Христос, один язык, одни корни, а следовательно, единые радости и печали. Его Святейшество выразил надежду на то, что храм Ассирийской Церкви Востока будет построен и в нем будет звучать молитва на родном языке.

После того как Патриарх оставил запись в книге почетных посетителей храма, все отправились к месту освящения и закладки первого камня будущего ассирийского храма. Там гостей уже ожидало огромное количество ассирийцев, прибывших со всего Юга России. Эти люди приехали увидеть того, о ком они всегда знали и слышали, помолиться вместе с ним.

Вот и наступила долгожданная минута. Облачившись, Патриарх с сопровождавшими подошел к камню, началось освящение. Над местом, где должен был вырасти храм, впервые зазвучала молитва на древнем языке. Многие из присутствовавших не могли сдержать слез, крестились и повторяли слова молитвы. Люди ждали этого момента, потому что храм – это не только богослужение, это и изучение родного языка, это и воскресная школа для детей, это и проведение религиозных и национальных праздников на территории прихода. Это место, где собираются ассирийцы. Возможно, это и место, где ассирийцы избегают ассимиляции, сохраняя свою индивидуальность.

Так прошел день, который стал историческим.

Через год Патриарх скончался...

Его место занял митрополит Мар Геворгиз. Прошли годы. К большому сожалению, храм так и не был построен. Но это уже другая история.

Многие ищут причину, почему не смогли сделать то, к чему так стремились. На мой взгляд, их несколько: одна из них – то, что многие десятилетия российские ассирийцы были лишены (впрочем, как и все народы, жившие в СССР) возможности сохранять свою религиозность. Она всегда присутствовала, но не была уже центром жизни, как у тех, кто остался на Ближнем Востоке. Осталось лишь фольклорное, а важное вымылось из сознания.

Вторая причина – ассирийцы, спасаясь от геноцида, бежали в Россию, и многие приняли Православие и остаются таковыми до сегодняшнего дня.

Эти и, может быть, другие факторы дают возможность понять, что нам надо принимать друг друга такими, какие мы есть. Здесь особенно актуальны слова покойного Патриарха Мар Дынхи о том, что ассирийцы любой веры остаются ассирийцами.

Думаю, нам, особенно священникам, надлежит молиться о единстве своего народа. Да, у ассирийцев нет ничего из того, что есть у других народов, – нет своего государства, нет своих границ, и на родных территориях они живут незащищенными. Но у нас – один Бог, один язык и один флаг, который невозможно спутать ни с каким другим.

Поющий монах

Мы все привыкли к стереотипам и штампам. Если любовь не сложилась, то осталось только уйти в монастырь. Если монах, то это тишина вокруг, масса ограничений, взгляд куда-то в вечность и бесконечная печаль, а если радость, то такая, которая мало кому понятна. Прямо как у Ахматовой:

Если ты смерть – отчего же ты плачешь сама,
Если ты радость – то радость такой не бывает.

В нашем представлении схимонах – это человек, как правило, пожилой, немногословный, степенный. Но стереотипы на то и существуют, чтобы их разрушать. И есть в церковной среде ряд людей, которые меняют устоявшиеся представления обывателей. К ним относится и схиархимандрит Серафим (Бит-Хариби), настоятель монастыря Тринадцати Святых Ассирийских Отцов в селе Канда близ Тбилиси.

Он обладает невероятной харизмой, которая аккумулирует вокруг него людей. На мой вопрос: «Почему постриг в схиму вы не отложили до более взрослого возраста, когда время земной жизни приходит к своему завершению?» – он дал логичный и верный ответ: «Что я могу дать Богу в старости?.. Мои немощи? А сейчас я отдам всю мою молодость, мой голос, мои силы. Пусть Он их примет как жертву».

Вот в этом весь отец Серафим. Он убежден, что люди, видя его жертвенное служение, приходят в Церковь.

Отец Серафим является инициатором различных праздничных мероприятий, которые проходят на монастырском подворье. Это еще и повод для общения пастыря со своей паствой. Мне было непривычно и удивительно видеть настоятеля монастыря, который сидит в подряснике на траве, общается с прихожанами и говорит о Христе, о жизни, о богослужении – обо всем, что их волнует.

Схиархимандрит Серафим – духовное чадо иеросхимонаха Амфилохия (Трубчанинова), известного старца, который еще при жизни отличался особыми духовными дарами от Бога, в частности прозорливостью. А сам отец Амфилохий был чадом известного подвижника – архимандрита Серафима (Тяпочкина). Вот у такого учителя пребывал в учениках отец Серафим! Кстати, отец Амфилохий оставил после себя ему великую схиму, прозревая будущий схимнический постриг своего ученика.

Отец Серафим – это еще и человек, который призывал Грузию поддержать страждущих христиан Ирака и Сирии. В Тбилиси у здания парламента 8 марта 2015 года состоялся митинг в поддержку ассирийцев и христиан, страдающих в Сирии и Ираке. Демонстранты выступали с требованием прекратить геноцид коренного христианского народа на Ближнем Востоке, осудить нападения на мирных жителей, уничтожение бесценных культурных памятников ассирийской цивилизации. Выступления в поддержку мирных жителей Ближнего Востока проходят повсюду.

Например, в Старо-Покровском храме Ростова-на-Дону, настоятелем которого я являюсь, мы также организуем мемориальные мероприятия, посвященные событиям геноцида на территории нынешних Ирана, Ирака, Сирии и Турции, где погибло около 500 тысяч ассирийцев.

Сегодня отец Серафим, как духовник ассирийцев Грузии, принимает у себя многих ищущих помощи и духовных советов. Любой человек может позвонить отцу Пирусу, который является правой рукой настоятеля, и попросить о встрече. А после приехать в Грузию и получить духовную поддержку, познакомиться с монастырем, его настоятелем, послушать молитву на языке Христа.

Наше знакомство произошло много лет назад. До этого я уже о нем слышал; но настал момент, когда мы впервые с ним созвонились. Первое, что мне показалось в нем необычным, был голос. От схиархимандрита я ожидал услышать в трубке телефона размеренную и насыщенную различными духовными оттенками речь. Но этого не случилось. Это был голос, полный жизни, выдававший подвижного человека со здоровым чувством юмора. Он пригласил меня с моей семьей на престольный праздник монастыря: «Там соберутся все наши...» Наши – это большое количество ассирийцев. Для меня это приглашение было важным, поскольку я мечтал побывать там.

Канда – это ассирийская Мекка и самое крупное село, где компактно проживает множество ассирийцев. Не раздумывая, мы с супругой отправились в Грузию.

Уже проходя таможенный контроль, я понял, что полюбил эту страну, несмотря на то что именно при прохождении таможни был задержан. Моя фамилия не внушала им доверия, а одет я был в светский костюм. Когда выяснилось, что цель моего посещения Грузии – паломничество и что я священник, грузинское гостеприимство началось тут же у таможенного «отстойника». Мы расцеловались с теми, кто меня задержал, и они проводили нас до самого выхода в город.

Попав к отцу Серафиму, мы поняли, что станем «пленниками», которых он будет с любовью опекать. Помимо меня в Грузию прибыли еще двое священников-ассирийцев с Украины – архимандрит Гавриил (Вардаев) и протоиерей Владимир Косточка. К сожалению, не смогли приехать приглашенные священники из дальнего зарубежья, но даже такое количество собранных вместе ассирийцев в священном сане было внушительным. Нас расселили в столичном отеле, при входе в который уже стало понятно, что главные здесь – ассирийцы. У входных дверей на нас смотрели крылатые быки шеду. В холле помимо грузинского флага висел еще и ассирийский.

Следующий день был праздничный, и мы все отправились в монастырь. С раннего утра съезжались гости не только из Грузии. Были паломники из России, Белоруссии, с Украины.

Пока шла подготовка к службе, настоятель общины собирал гостей, и у нас была возможность осмотреться. Около стен монастыря развевался ассирийский флаг. Сам монастырь был ухожен, много зелени. Как рассказали нам, обитель начиналась с маленького каменного храма посреди зарослей сорняков.

Со временем трудами отца Серафима и паломников это место стало преображаться. Были построены корпуса для братии, трапезная, более просторный храм. Облагороженная территория привлекает людей, сюда хочется прийти и просто отдохнуть в тишине.

Еще одна особенность – в монастыре ежедневно собираются сельские подростки. Кто-то читает в храме Псалтирь, кто-то помогает в уборке. Еще ребята сидят в монашеской беседке, пьют холодный кофе и общаются с насельниками обители. У родителей не возникает вопроса, где их дети. И даже если они задерживаются в монастыре, все в поселке знают, что отец Серафим все держит под личным контролем.

Но вернемся к службе, в которой мы должны были принять участие. Мы облачились и встали у престола. Люди, не поместившиеся в храме, заполнили монастырскую территорию, туда вывели динамики. Литургия началась на ассирийском языке, мирную ектению в исполнении отца Серафима я слышал впервые. Всплеск ощущений от услышанного...

Вся служба стала каким-то особым торжеством. Как только отец Серафим начинал петь, люди доставали телефоны и снимали его. Отец Серафим пел и на грузинском. Этот язык, видимо, создан для пения. Особенно красиво и мелодично звучит заупокойная ектения на грузинском языке. Однако с ней был связан один курьезный случай, о котором я расскажу позже.

Литургия прошла на одном дыхании. После службы много людей осталось в храме – ждали отца Серафима. Он вышел к народу и по многочисленным просьбам спел с хором отдельные псалмы. И тут началось то, что у нас не практикуется: вместо традиционного благословения он каждого обнимал, люди обнимали и целовали его, у многих были слезы на глазах. В какой-то момент мне представилось, что я стал свидетелем проводов на войну. Лишь потом я узнал, что в Грузии есть традиция обниматься и целоваться со своим пастырем.

Вечером нас пригласили в гости жители поселка. Во многих домах ожидали нашего прихода, но побывать у всех было физически невозможно. Мы посетили дом одного из уважаемых ассирийцев – Годерзи Осипова. Около тридцати человек разместились в зале его дома. При взгляде на столы создавалось впечатление, что мы на небольшой свадьбе. Вино – белое и красное – лилось рекой, его там делают почти в каждом доме.

Тосты – важный элемент гостеприимства в Грузии. Было приятно слышать, что один из первых тостов практически в любой компании поднимали за грузинского Патриарха, ну а далее – по списку. Запомнился один из завершающих тостов – всем присутствующим пожелали встретиться тем же составом в Царствии Небесном, чтобы мы там снова обнялись и спросили друг друга: «Как ты?» – а затем сели за большой стол и продолжили наше приятное общение.

Вечер и часть ночи, проведенные в доме гостеприимного хозяина, были незабываемы. На другой день отец Серафим повез нас по святым местам, а таких мест там огромное количество. Отца Серафима знают во всех храмах и монастырях, а потому все двери были для нас открыты, даже те, которые обычно не открывают. Особенно меня впечатлил монастырь, где находятся мощи одного из Тринадцати Ассирийских отцов – Шио Мгвимского. У его каменной гробницы мы, четыре священника-ассирийца, сделали общее фото.

Окончательно и бесповоротно полюбив Грузию, мы позже посещали отца Серафима неоднократно.

Однажды по его приглашению мы с группой ассирийской молодежи из Ростова-на-Дону приехали на праздник Успения Пресвятой Богородицы, называемый у ассирийцев Шара Мат Марьям. В другой раз я приехал со своими друзьями просто на несколько дней. Все поездки были очень насыщенными. Там же состоялось мое знакомство с замечательным человеком – архидиаконом Димитрием.

Отец Серафим договорился с ним о нашем приезде, и он нас ждал в Тбилисской духовной семинарии. Красивый, обходительный человек, обладающий необыкновенным «вельветовым» баритоном. Чем-то его голос и сама внешность напоминали великого советского режиссера Г.А. Товстоногова.

На следующий день мы приехали в главный собор Тбилиси, где должен был служить Патриарх. В алтаре – огромное количество людей, иерархи, священники, семинаристы. Первая неловкость исчезла, когда к нам подошел отец Димитрий. Мы поняли, что обладаем особым «иммунитетом».

Когда Патриарх вошел в алтарь, началась служба. Отец Димитрий подвел меня со священниками к Его Святейшеству и представил нас. Немощный, но, безусловно, духоносный Патриарх Илия благословил меня послужить с ним. Поразило несколько деталей, которые я заметил. Во время шестопсалмия в алтарь зашла группа мальчиков. Одеты они были в национальные костюмы и выглядели джигитами. За ними зашел взрослый человек. Мальчики выстроились перед Патриархом и встали на колени. Патриарх произнес краткую молитву и каждого благословил. Видя мое удивление, мне объяснили, что это школьники, которые готовятся перейти в старшие классы и поэтому пришли к своему Патриарху за благословением.

Второй эпизод я наблюдал, когда мы все вышли в храм на полиелей и Патриарх взошел на кафедру. В этот момент родители со своими маленькими детьми стали подходить к кафедре и усаживать своих чад на ее ступеньку. То есть Патриарх все это время находился в окружении детей. Конечно, малыши на одном месте долго не сидят: кто-то вставал и шел к маме, кто-то переговаривался с другими. Но все это было органично и трогательно. Из таких, казалось бы, мелочей, как из мозаики, складывается большое панно, изображающее сильную личность, коей является подлинный символ нации – Патриарх.

Пришло время отцу Серафиму нанести ответный визит в Ростов-на-Дону. Мы получили информацию о его прибытии в южную столицу России. В ближайшее воскресенье мы должны были служить в нашем храме вместе. Талант отца Серафима известен не только в Грузии, но и далеко за ее пределами. В день назначенной литургии собралось небывалое количество народу. Это были ассирийцы, грузины, приехавшие из Краснодарского, Ставропольского краев, Воронежской и, конечно же, Ростовской областей. За всю новейшую историю нашего храма я не видел такого скопления народа. Все они прибыли послушать ассирийского монаха из Грузии. Во время исполнения им песнопений я внимательно наблюдал за присутствующими. Мужчины и женщины плакали. Пение отца Серафима уносило людей далеко за пределы реальной действительности. После Божественной литургии он преподнес икону Тринадцати Ассирийских отцов с частицами мощей некоторых из этих святых. И снова после службы – песнопения с народом и... объятия. Когда мы пошли выпить чаю после богослужения, отец Серафим вдруг спросил: «А ты не видел на ютубе запись одного музыкального трека, популярного на известном курорте Ибица?» – «Нет, не видел». Он включил видео, на экране отобразился огромный танцпол, диджей ритмично проговаривал под музыку текст песни. Казалось бы, ничего особенного, все, как обычно бывает в таких местах, но... вдруг в качестве припева выступает на контрасте до боли знакомая мелодия и – о ужас! – голос отца Серафима! Казалось, что популярность монаха набрала обороты, и кто-то решил сделать такой музыкальный микс. Все бы ничего, если бы не одна подробность. То, что звучало на дискотеке в исполнении отца Серафима, было... заупокойной ектенией на грузинском языке...

Концертная деятельность отца Серафима началась с Ростова-на-Дону. Видя его востребованность, я предложил попробовать устроить первый концерт. От него требовался только голос, от нас – организация. Старинный, в имперском стиле и только что после ремонта зал Академического молодежного театра был достойным местом проведения концерта. Одна проблема – он был мал, всего 350 посадочных мест. Своими силами написали сценарий, пригласили коллективы, сделали фото- и видеоподборку на задники сцены. Это был первый концерт, он назывался «На языке Христа». Мы очень волновались. Оказалось, что люди готовы приобретать билеты и стоять в проходах, так как не осталось свободных мест.

Концерт начался, и это был успех! Всю программу вел пресс-секретарь главы Донской митрополии. Написанный им текст и правильные подводки к каждому номеру сделали выступление органичным.

Сегодня отец Серафим востребован даже за пределами страны. Он совершает важную миссию – со сцены говорит о Христе, рассказывает о своем народе. Большая аудитория внимает и верит ему. Остается только пожелать отцу Серафиму успехов в пастырском служении, пусть даже в несколько необычном формате.

Господь указывает нам путь совершенства. Это – дети. Детская непосредственность есть начало приближения к Создателю. Глядя на отца Серафима, понимаешь, насколько он бывает разным. Он умеет плакать, а потом сразу смеяться, а потом опять плакать. В такой непосредственности он весь. Закончить историю о нем хочу его же словами.

Однажды корреспондент спросил его: «Отец Серафим, вы думаете о своей встрече с Богом?» Он, не задумываясь, ответил: «Когда я предстану перед Ним, Он скажет мне: "Шламалух, Серафим, тазах бия!" – что по-ассирийски значит: "Здравствуй, Серафим, пошли домой!"»

ЧАСТЬ 3
СТРАНИЦЫ СТРАНСТВИЙ

Паломничество в Трапезунд

В нескончаемом потоке моих паломнических поездок эта, о которой пойдет речь, запомнилась, как самая необычная. В турецком Трабзоне мне посчастливилось побывать неоднократно с греческой донской диаспорой. Когда-то Трабзон или, как его называли раньше, Трапезунд был поистине сказочным городом и производил такое же впечатление на западного человека, как и Стамбул. Он был воспет в трудах известных писателей-путешественников, среди которых был даже Марко Поло. Трапезунд был основан в VIII веке до нашей эры колонистами на отвесной скале, окруженной ущельями, где легко было сдерживать атаки врагов. От древнегреческого названия плоской вершины мыса – «трапеза» (стол) – произошло название этого города. Он процветал благодаря протекции со стороны римлян и византийцев, а также из-за удачного расположения в северо-восточном конце Великого шелкового пути. Во время возникшей позже Трапезундской империи город стал привлекать к себе европейцев, что превратило его в островок искусства и образованности в море окружавших его турецких кочевий и даже в соперника городам-государствам итальянского Возрождения. Но с течением истории все великолепие было утрачено.

Может быть, некоторые зададут справедливый вопрос: а что там смотреть сейчас? Отвечу: смотреть в Трабзоне действительно нечего, там нет туристов, а значит, отсутствует сервис и ухоженность. В общем, город исключительно для своих. Однако там есть жемчужина – православный монастырь Панагия Сумела, четвертого века постройки, который ежегодно привлекает в праздник Успения Пресвятой Богородицы понтийских греков, живших ранее на этих землях. Надо сказать, что в монастыре сохранились древние фрески, но «трудолюбие» турок не имело границ – многочисленные фрески сильно повреждены. На каждом лике выбиты глаза. Когда смотришь на них, невольно внутренне содрогаешься от мысли, что сделано это руками человека.

Не могу не сказать о лидере в среде греческой диаспоры – Иване Игнатьевиче Саввиди. Именно он явился организатором ежегодной доставки в Трабзон в день престольного монастырского праздника греков и нас – нескольких священников, приглашенных для совершения молебных пений. Поездки эти всегда были долгожданными. Мы становились участниками масштабного и зрелищного национально-церковного действа, в том числе длительного восхождения на вершину горы, где располагался монастырь. После общих молитв Иван Саввиди заботливо организовывал праздничную трапезу на природе для всех прибывших. Это были поистине царские обеды, с национальной музыкой, песнями и танцами греческой молодежи в национальных костюмах.

Но один год запомнился особенно. Иван Игнатьевич решил сделать паломничество более масштабным, чем прежде. Множество самолетов из России, Греции и европейских стран взяли курс на Трабзон. Основная масса паломников – греки. Были приглашены журналисты ведущих СМИ, прибыли представители Парламента Греции, люди искусства... В центре, конечно, был вдохновитель и организатор – Иван Саввиди.

Из Ростова мы привезли недавно написанную копию иконы «Панагия Сумела», с которой планировали пройти весь путь до монастыря и перед которой должны были вознести свои молитвы в святых стенах недействующей обители.

Итак, наступил день прилета. Наш самолет прибыл почти синхронно с самолетами из Москвы. Нас – несколько священников, а греки во главе со своим лидером. Но случилось то, чего никак не ожидали. Первые несколько человек прошли таможню вполне благополучно, за ними было предложено проследовать священникам. Вдруг служащие аэропорта после небольшой заминки сообщили нам, что мы не можем ступить на турецкую землю в церковной одежде.

Как?! Ведь подобных условий не выдвигалось, когда организаторы все оговаривали! Естественно, мы отказались снимать рясы. Долгие переговоры – а в ответ отказ без всяких комментариев и компромиссов. Позже выяснилось, что по законам Турции на территории страны в церковной одежде может появляться только Константинопольский Патриарх. Мы пытались заверить, что не планируем находиться на улицах города. Маршрут наш лежит из аэропорта автобусом к горе, где расположен монастырь. Но турки были непреклонны. Разбирательство при посредничестве российского посла результата не дало. Мы вынуждены были подчиниться. Сняли рясы и подрясники, которые были выхвачены раздраженными сотрудниками аэропорта. Они потребовали и забрали наши наперсные кресты. Рясы сгребли, как ветошь, и утащили в подсобные помещения. И вот мы – священники – вышли, наконец, из аэропорта. На нас остались брюки и желтые майки, которые были вручены всем участникам поездки, с символикой понтийских греков. По-своему оригинально и в чем-то очаровательно. Тем временем прибывшие журналисты доставали свои камеры, микрофоны, настраивали аппаратуру для проведения незапланированного пресс-подхода. Саввиди дипломатично сказал, что он думает о поведении турецкой стороны, далее высказались присутствующие официальные лица и в конце мы, раздетые и униженные, но не сломленные. Информация о происшедшем сразу отправилась в газеты и на телевидение в разные страны мира. Последовало возмущение дипломатов и официальных лиц, греки не стеснялись в характеристике турок. Они говорили все что думали, не скупясь на эпитеты. И это было понятно, поскольку Трапезунд, бывший когда-то цветущим и развитым городом, где жили их предки, после резни и изгнания превратился в пыльный Трабзон, в котором им, увы, не было места.

Немного утолив национальное негодование, все отправились к своим автобусам, чтобы переместиться к подножию монастырской горы.

Это было великое восхождение! Как мне тогда казалось, людей собралось более тысячи человек. Впереди священники несли поочередно икону

Богородицы. Помимо греков, в день Успения сюда по традиции приходят жители Турции. Одеты они так же, как местные. Они не крестятся, не поют молитв, лишь робко поднимаются по горе и молча стоят на монастырской площадке. Это те греки, которые волей судеб остались в Турции. Однако они не забыли о том, кто они, какие у них корни, и потому раз в год идут к едва уцелевшей христианской святыне, чтобы безмолвно вспомнить своих предков и обратиться к Создателю.

Когда мы взошли на гору и достигли монастыря, увидели множество турецких солдат с автоматами. Нам сообщили, что они здесь для нашей же безопасности. Все рассредоточились по горе. В выдолбленных вековых нишах загорелись церковные свечи, которые люди привезли с собой. Кто-то молился, кто-то плакал, где-то на фоне монастырских безглазых фресок фотографировались...

Вдруг спокойствие было нарушено криками. Солдаты с остервенением начали тушить свечи, топтать их ногами. Греки – не те люди, которых можно испугать подобными действиями. Думаю, в них проснулось окончательно все то негодование, которое накапливалось в поколениях. Не скрою, что я испытал страх, поскольку и те и другие были настроены весьма агрессивно. События развивались очень быстро. В какой-то момент мне показалось, что в этом нарастающем конфликте может наступить точка невозврата: гнев и дерзость солдат, щелкающие звуки затворов автоматов с одной стороны, с другой – люди, которые когда-то потеряли на этой земле своих родных и близких...

Неожиданно для всех наступил кульминационный момент этого противостояния: Саввиди взял в руки икону, стал на выступе, откуда его было видно всем, и поднял над своей головой святой образ... Солдаты продолжали что-то кричать, ибо ситуация выходила из-под контроля и развивалась не по турецкому сценарию. Заглушая истошные крики военных, присутствующие, все как один, запели молитву «Взбранной Воеводе» на греческом языке.

Всякий раз, когда я вспоминаю этот момент, спустя уже много лет, меня невольно охватывает волнение и непередаваемое чувство восхищения.

Но вернемся к тому, что происходило у монастыря. Я стал воспринимать личность Ивана Саввиди иначе, чем ранее. Он прежде всего был в нашем сознании меценатом, благотворителем, бизнесменом, человеком жестким, но и человеком дела. В эпицентре конфликта, среди вооруженных людей, он был патриотом, греческим лидером, не готовым к компромиссам, если его земляки от этого будут притесняемы. Так я наблюдал со стороны и тихо восхищался греками, пока меня не позвали. Я приблизился, и вдруг Саввиди повернулся и передал икону мне. Я не помню, куда он отлучился, убежден, что он пытался урегулировать ситуацию, чтобы не было пострадавших. Я же остался с иконой, а народ продолжал пение. Теперь я оказался среди вооруженных турецких стражей. Сегодня мы вспоминаем ту ситуацию с долей иронии, но тогда, поверьте, было не до смеха. В моей голове пронеслась мысль: «Ну почему я? Ведь не грек же! Будет номер, если ассирийца "положат" на греческом мероприятии...»

И хотя ассирийцы тоже испытывают «особые» чувства к туркам из-за геноцида, но к радикальным изменениям в судьбе я готов не был. Наконец пришла помощь. Мой коллега, духовник понтийских греков протоиерей Олег Добринский, взял у меня из рук икону и продолжил стояние, громко подпевая. В конечном итоге все закончилось благополучно.

Затем по традиции была трапеза – вино, шашлыки, национальная греческая кухня, музыка, танцы. Все были воодушевлены и поднимали бокалы, как за победу. А ощущение победы присутствовало на самом деле. Для меня это был бесценный опыт – я стал свидетелем настоящего патриотизма, сплоченности и веры людей.

Вечером мы возвратились в аэропорт, где самолеты ожидали нас, чтобы доставить в свои города и страны. Но вновь случилось непредвиденное: нам отказывались возвращать наши церковные одежды. Все прилетевшие приняли решение: ждать, пока священникам не вернут рясы. Около часа нам мотали нервы. Но количество оставшихся ждать развязки, по всей видимости, туркам ничего хорошего не сулило. В конце концов мы были приглашены в подсобное помещение, где нам буквально швырнули в лицо наши вещи. Надев на себя рясы и кресты, мы вышли в общий зал, где нас ждали переживающие паломники. Аплодисменты взорвали тишину ночного аэропорта – так нас встретили греки.

Православная Аляска: вода, воздух и свобода

Несколько лет назад мне предложили отправиться в паломническую поездку на Аляску. Недолго думая, я согласился, хотя на тот момент она воспринималась мной как нечто фантастическое. Но недосягаемая мечта стала реальностью.

Знакомство с Русской Америкой

Наше путешествие началось с Анкориджа – самого крупного города Аляски. Его жители давно привыкли к лосям, вальяжно прогуливающимся по центральным улицам, и к толпам туристов, для которых портовый город стал крупнейшим культурным центром, где проходят музыкальные фестивали и художественные выставки. Нас радушно встретил протоиерей Даниил Андреюк, настоятель храма святителя Тихона Московского Православной Церкви в США. Из-за отсутствия языкового барьера наше общение задалось с первых минут, и мы нашли много тем для разговоров. Так случилось, что мы сразу попали на местную свадьбу, где удивительным было абсолютно все – начиная с молодоженов и заканчивая форматом праздника. Невеста – алеутка средних лет, слегка напоминающая тяжелоатлетку, жених – молодой статный американец. Пара не блистала вычурными свадебными нарядами: он был одет в простые джинсы, кеды и легкую весеннюю куртку, а его избранница – в национальное платье, из-под которого выглядывали белые шлепанцы. Праздничные столы с едой и выпивкой стояли на лужайке посреди городского парка, и гостями той свадьбы были не только родственники и друзья, но и обычные прохожие, среди которых оказались и мы. На свадьбе были рады всем гостям, даже местным бродягам, которые пришли вкусно поесть и выпить.

Алеутам чужда озлобленность, они коммуникабельны, ласковы и своей наивностью походят на детей. На тот момент мне показалось, что, если бы они жили в наших реалиях – совершенно без разницы, в российских или европейских, – им бы пришлось непросто.

За много лет жизни на Аляске они создали свой «алеутский рай», двери которого были открыты для всех. Удивительным было и богослужение в храме святителя Тихона, Патриарха Московского, на опушке леса: гудящая тишина и единение с природой были подобны молитвам православных подвижников в одиноких лесных кельях. После службы нас пригласили на общую трапезу: на территории храмового двора поставили большие столы, а на них – кастрюльки с домашней едой и одноразовой посудой.

Нам рассказали, что несколько раз во время таких трапез из леса выходили дикие медведи. Прихожанам ничего не оставалось делать, как спрятаться в храме и ждать, когда звери уйдут обратно. Эта история произвела на нас впечатление, и в оставшееся время мы невольно вглядывались в лес, но, к счастью, наша встреча с хищниками не состоялась.

Протодиакон Иоанн Царюк

Странник Михаил

Патриарх Алексий II

Иеродиакон Зиновий (Щербина)

Ͻротодиакон Иоанн Царюк (справа), ıеродиакон Зиновий (Щербина)

Ставропольская духовная семинария

Митрополит Гедеон (Докукин)

Архимандрит Стефан (Садо)

Патриарх Грузинский Илия I

Схиархимандрит Серафим (Бит-Хариби)

Грузия. Ассирийская молодежь в монастыре 13 ассирийских отцов

Иран

Митрополит Мар Апрем

Епископ Мар Исхак

Патриарх Мам Дынха

Патриарх Мар Дынха
и епископ Мар Ава (слева)

Алеуты

Аляска

Остров Кадьяк, Аляска

Аляска

Трапезунд

Монастырь Панагия Сумела

Монастырь Панагия Сумела

Баденвайлер

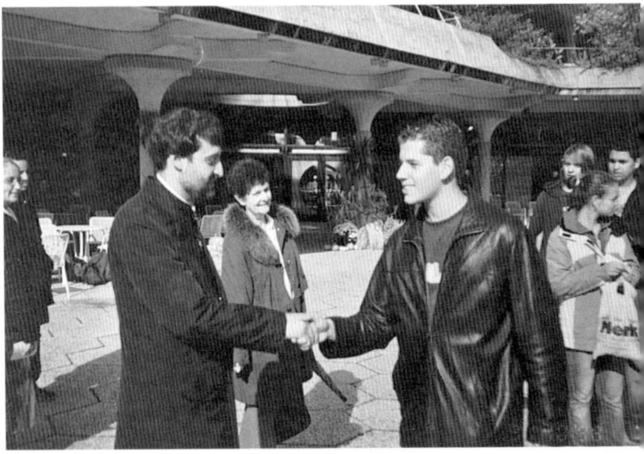

Встреча со студентами из Штутгарта в Баденвайлере

Православие посреди океана

Нашему знакомству с Аляской не могло помешать даже отсутствие дорог, поэтому мы часто использовали воздушный транспорт — маленькие вертолеты. На одном из них мы добрались на алеутский остров посреди океана, куда люди прилетают нечасто. Наверное, поэтому приезд двух священников из России для местных оказался большим событием. Собрались все жители острова, многие приехали на квадроциклах, маленьких девочек нарядили в праздничные платья, волосы некоторых ребят пестрели всеми цветами радуги. Мы сошли с трапа, и жители острова начали приветствовать нас традиционным троекратным поцелуем в щеку. Их было больше ста человек, и процесс целования затянулся надолго.

Нас многое удивляло в добрых, открытых алеутах, но больше всего то, насколько искренне они чтят Православие и все, что с ним связано. В Николаевском храме жители острова трепетно хранят простые бумажные иконы XVIII века, которые на остров привезли монахи-миссионеры из России. После службы вместе с отцом Сергием, клириком храма и коренным жителем Аляски, мы пришли на небольшое кладбище, где совершили панихиду по усопшим священникам, которые трудились на острове. В тот же день местные жители пригласили нас в сельский клуб, куда мы отправились на квадроциклах. Во время мотопрогулки мы увидели, как живут алеуты и чем зарабатывают на хлеб.

На Аляске удивительная рыбалка: стоит закинуть удочку с незатейливой наживкой, как сразу клюет крупная рыба – за час ею можно заполнить два больших контейнера.

Основная часть улова отправляется в деревянные коптильни, которые стоят на острове на каждом шагу. Алеутам, как коренным американцам, разрешено заниматься ловлей редких видов рыбы, занесенных в Красную книгу, поэтому многие жители делают сувениры из китовых ребер и продают их по минимальной цене торговцам из других штатов и приезжим со всей Европы. В клубе висели воздушные шары, столы были заставлены экзотическими для русского человека национальными блюдами: из морских котиков, водорослей, рыбы и медвежатины. Нас очень тронуло, что местные жители подготовились к этой встрече заранее, и мы, в свою очередь, постарались как можно больше рассказать им о России.

Православная семинария на острове Кадьяк

Уклад американской духовной школы заметно отличается от русской. Возможно, дело в разной ментальности. Американцы по своей сути люди более свободные, что, конечно же, отражается на жизни семинарии. Это не плохо и не хорошо, просто по-другому. Там все построено на взаимном доверии. Для семинаристов созданы максимально комфортные условия. Например, мы наблюдали такую картину: после завтрака студенты шли из столовой на лекцию с недоеденными булочками и бумажными стаканчиками кофе, но это не выглядело как знак неуважения и не мешало преподавателю проводить занятие.

В Свято-Германовской православной семинарии на острове Кадьяк немного воспитанников, большая часть – алеуты. Некоторые студенты живут со своими семьями в небольших домах на территории духовной школы. Ректор семинарии и настоятель храма Воскресения Христова отец Джон Данлоп устроил нам импровизированную экскурсию и показал подшивки рукописей дореволюционных монахов-миссионеров, в том числе митрополита Иннокентия, просветителя Аляски, а также императорские резолюции и личные письма. Отца Джона крестил протопресвитер Александр Шмеман, и во многом благодаря ему он избрал путь священника.

Плавание длиною в вечность

После острова Кадьяк мы отправились в место, где подвизался преподобный Герман Аляскинский. Нам выдали брезентовые комбинезоны, которые смотрелись на нас весьма комично, мы сели в лодку, отчалили от берега, и время для меня остановилось. Если кто-то спросит, сколько мы плыли с острова Кадьяк на Еловый остров (Спрус), то я не смогу ответить – казалось, что это длилось вечность. Лодку качало из стороны в сторону и постоянно заливало ледяной океанической водой. Не описать словами, как я радовался, снова ощутив под ногами твердую землю. Еловый остров похож на сказочную Нарнию: бесконечные пушистые ели и неизведанные тропы, полевые цветы и вековые деревья, покрытые мхом. Мы сразу направились к храму преподобных Сергия и Германа Валаамских, который был построен на месте погребения святого Германа Аляскинского. Шли по безлюдной лесной тропе, на некоторых стволах деревьев висели иконы, связанные с житием подвижника. Ненадолго остановились у святого источника и вскоре увидели небольшой и очень простой храм с колокольней. Мы спустились в пещеру под храмом, которая служила домом Герману Аляскинскому; это было удивительное место: вокруг щемящая тишина, на фоне которой слова молитвы приобретали особую глубину.

Разные традиции и особое уважение

На Аляске рядом с одним из храмов мы увидели маленькие разноцветные домики размером с улей, они напоминали игрушечный городок, но оказалось, что так выглядят местные могилы, а точнее, гробы-домовины – отголосок языческой веры. В далекие времена члены алеутского племени строили такие на могилах умерших, полагая, что души покойных нуждаются в тепле, которое сохраняется в импровизированных жилищах. Святитель Иннокентий, просветив алеутов Христовым учением, не стал искоренять эту традицию, свидетельствующую о любви к почившим.

Так незаметно для нас прошла неделя на Аляске, настало время уезжать. Мы спустились по скрипучей лестнице в холл и попрощались с Лорой, хозяйкой дома, в котором мы жили.

Лора – американка, она православная, но давно замужем за пастырем протестантской церкви. Различие христианских традиций не помешало им с особым уважением и пониманием относиться друг к другу. Дом же был отражением хозяев: уютный, полный света и душевного тепла.

С Аляски в Сан-Франциско

Сан-Франциско – красочный город. Жизнь в нем похожа на сплошную сиесту, там отсутствует суета, никто никуда не спешит, наслаждаясь красотой солнечных улиц. Некоторые жители Калифорнии сознательно отказываются от престижной работы, уютного дома и даже семьи. Бродяжничество в Америке – это некий вид свободы.

За время нашего путешествия мы часто видели увлеченно читающих бездомных, в их руках были не просто какие-то газеты или журналы из ближайшего киоска, а вполне увесистые книги, и оставалось только догадываться, что выбрал тот или иной бродяга сегодня: увлекательные истории Марка Твена или очередное расследование Агаты Кристи.

Пирс номер 39 знаменит своими обитателями – морскими котиками, в любое время суток рядом с причалом можно встретить туристов из всех стран мира. Сразу сложно понять, кого там больше – самих животных или туристов.

Осматривая город, мы зашли в небольшой ресторанчик с русским названием, он чем-то напоминал ростовскую столовую. Там пахло выпечкой и тушеной капустой, знакомые названия радовали глаз, а когда официант принес нам борщ и пельмени со сметаной, то казалось, что больше для счастья ничего и не надо.

Кресло святителя Иоанна Шанхайского

В Сан-Франциско мы познакомились с протоиереем Петром Перекрестовым, ключарем кафедрального собора в честь иконы Пресвятой Богородицы «Всех скорбящих Радость», и эта встреча была самым важным событием дня. Храм считается центром духовной жизни русского Православия на западном побережье Америки. В нем служил и трудился святитель Иоанн Шанхайский и Сан-Францисский. Отец Петр показал нам кабинет владыки, в котором ничего не менялось со времени жизни святого. Над деревянным столом висели фотографии, небольшие иллюстрации и иконы, все так же лежали личные вещи святителя Иоанна, его книги, исписанные пожелтевшие листы бумаги, стояла открытая чернильница . В углу комнаты находилось старенькое, уже продавленное кресло, в котором любил отдыхать владыка. Сегодня паломники могут присесть в него, подумать о жизни и обратиться к святому, у них это превратилось в некую традицию. Мы не стали исключением и тоже воспользовались такой возможностью.

Владыка Иоанн был своеобразным человеком, он часто опаздывал, и у пунктуальных американцев это вызывало недоумение и раздражение. Говорят, что однажды иподиаконы, желая проучить святителя, перед богослужением насыпали под подкладку его митры муравьев, но, к их удивлению, во время литургии святитель не снял ее и, не подавая виду, продолжал молитву, что устыдило их.

Когда мы вышли из храма, нам навстречу шли пожилые русскоязычные женщины. Они рассказали, что в юности, эмигрировав из России, познакомились на вечеринке в клубе для русских, которую организовал сам святитель Иоанн. Он был человеком дальновидным и хорошо понимал: чтобы иммигранты из России не рассеялись по штатам и сохранили друг с другом связь, им необходимо свое сообщество. Для «русских встреч» владыка выкупил помещение, обустроил, и там в выходные дни собиралась молодежь из России. Спустя некоторое время такие вечеринки стали традицией и объединили всех русских, по воле случая оказавшихся в Сан-Франциско. Стараниями святителя среди молодых иммигрантов образовалось несколько пар, позже создавших семьи.

На сегодняшний день современники Иоанна Шанхайского и Сан-Францисского, их дети и внуки являются прихожанами храма иконы Пресвятой Богородицы «Всех скорбящих Радость» и с благодарностью вспоминают труд епископа Иоанна.

В штате Калифорния мы пробыли еще несколько дней и посетили много интересных мест, но больше всего я запомнил нашу поездку в Стэнфордский университет. Мы были в восторге от увиденного: сад скульптур Родена, растения из разных уголков мира, церковь с витражными окнами и росписью на стенах — пожалуй, каждый квадратный метр можно назвать произведением искусства.

Америка навсегда осталась в сердце

О, эта дорога! В течение всего путешествия она бежала нам навстречу — бетонная, асфальтовая, зернистая или сделанная из щебня.

А сколько было на нашем пути воды и воздуха... Удивительное дело, но у каждого места есть свой запах: на алеутском острове он рыбный, остров Спрус пахнет хвоей и мхом, Анкоридж смешал в себе ароматы машинного масла, океана и парфюма туристов, а у Сан-Франциско — запах солнца, металла и свежей травы...

Америка встретила нас широкой улыбкой и навсегда осталась в сердце. Со временем из памяти стираются имена, детали и эпизоды нашего приключения, но лица, эмоции и ощущение по-алеутски бесконечного счастья в ней остаются.

Путеводитель по Ирану

Разными бывают путешествия. К примеру, одни – паломническими, другие – обзорными, туристическими. Поездку в Иран трудно классифицировать, поскольку паломнической она не является, а к обзорной или туристической относится лишь отчасти, так как страна мало изведана туристами. Когда я озвучивал знакомым название страны, которую хочу посетить, в ответ слышал разное: недоумение, предостережение, и вообще идея вызывала непонимание.

Для меня Иран интересен тем, что это одна из немногих стран на Ближнем Востоке, где до сих пор компактно проживают ассирийцы и где нет войны. Соседний Ирак, колыбель ассирийской цивилизации, сегодня в огне военного конфликта, Сирия закрыта для туристов. Таким образом, остался в относительном спокойствии сегодня лишь Иран, откуда ассирийцы, в числе которых были и мои предки, бежали в Российскую империю.

В Иране есть город Урмия, расположенный на берегу одноименного озера. Там и сегодня живут ассирийцы, берегут традиции, веру, язык. Именно христианство позволило им не исчезнуть в окружении населения, подавляющее большинство которого принадлежит к зороастрийской и мусульманской религиям. В связи с этим возникло большое желание посетить это знаковое место. К сожалению, погодные условия и нестабильная обстановка в стране, связанная с какими-то массовыми протестами, внесли свои коррективы в наш маршрут.

Но... лучше все по порядку.

Чем ближе подлетали мы к Тегерану, тем сильнее становилось волнение. А вдруг те, кто предупреждал об опасностях в этой стране, правы? Что тогда?

Но уже поздно...

Мы в аэропорту Тегерана. Первыми, кого нам предстояло встретить, были пограничники. По собственному, иногда печальному, опыту знаю, что с ними надо быть почтительно-вежливым, а в восточной стране — тем более.

Подходя к пограничнику, делаю приветливое лицо, которое выражает все мои самые добрые чувства; тем самым показываю, что мы — положительные и законопослушные. Увидев меня, пограничник в ответ улыбнулся и поставил штамп. Потом я обратил внимание, что он улыбается всем.

Отлегло... Уже не так страшно.

Нас встречает Масуд — местный гид, который будет сопровождать нас.

В дальнейшем к нему присоединился его приятель Фарзад, тоже гид. Они друг друга дополняли, будучи очень разными. Первый — миниатюрный, на тоненьких ножках, как у птицы, с трудом говоривший на русском языке, но способный решать любые вопросы с местным населением практически моментально, а это дорогого стоит. Другой — совсем не говорящий по-русски, зато отлично владеющий английским. Для меня, не говорящего на английском, это было малоутешительным фактом, и только благодаря ребятам из нашей группы мне доставалась дозированная информация. Фарзад имел поистине библейскую внешность, у него были умные и немного печальные глаза.

Тегеран произвел впечатление большого и красивого города. Повсюду развешаны портреты духовных лидеров страны — Рухоллы Мусави Хомейни и Али Хосейни Хомейни. Они размещены на государственных учреждениях, в парках, ресторанах, то есть везде, куда только может упасть взор. Как тут не вспомнить нашу советскую «сказку»! Ведь в наших городах и районных центрах члены Политбюро ЦК КПСС взирали на нас со всех возможных точек.

Необходимо отметить, что до 1979 года Иран жил вполне нормальной жизнью, почти европейской. Когда же в 1979 году грянула революция, страну возглавили шииты, и сегодня здесь существует масса запретов и наказаний. Но людей это не испортило, они весьма доброжелательны и расположены к общению.

Иран не избалован туристами — это результат жестких санкций и мифов о том, что страна опасна для посещения. А потому мы вызывали неподдельный интерес и любопытство со стороны местного населения.

Одним из неудобств оказалось практически полное отсутствие Интернета. Wi-Fi есть в некоторых отелях, но правильнее было бы сказать, что при его наличии невозможно им воспользоваться, поскольку он практически не работает. В этом есть определенный плюс: нас ничто не отвлекало от наших планов. Приятно удивило то, что на улицах много читающих людей. Один из наших гидов признался, что любит Есенина. Есенина! Вдумайтесь:

он назвал не Пушкина, которого знает весь мир, не Грибоедова, жившего и погибшего здесь, в Персии, а Есенина... Непостижимо, поскольку поэта, воспевающего Русь с ее деревнями и березами, очень сложно понять иностранцу с иным менталитетом. Как и у нас, там есть уличные книжные развалы, где даже встречаются произведения русских классиков, переведенные на персидский язык. Мои спутники купили там нашим гидам в подарок по книге, одному достался «Идиот» Достоевского, другому «Война и мир» Толстого. Персы были в восторге от неожиданного презента.

Думаю, их потребность в чтении книг берет начало в древней цивилизации, наследниками которой они являются.

Итак, Тегеран. Наш отель был расположен в непосредственной близости от гор. Погода почти весенняя. Долго гуляли по старому городу, пили в уличных шатрах чай. В одном многолюдном и очень красивом районе увидели героя выпуска программы «Орел и решка», посвященной Ирану, где этот человек был одним из главных действующих лиц. Старик с окладистой бородой является хозяином целой стаи волнистых попугаев. У них, попугаев, благородная работа — вытягивать счастливые билеты для прохожих. Самое удивительное, что птицы не заперты в клетку, а сидят на ее крыше и никуда не улетают от хозяина. Когда солнце садится, попугаи инстинктивно понимают, что это отбой, и прячут голову под крыло. Но дед, сидящий рядом, будит их при помощи палочки, которой стучит по задремавшим птицам.

Вернувшись с прогулки, переполненные впечатлениями, мы отправились спать, так как рано утром должны были выехать в другой город. Проснувшись на следующий день и посмотрев на улицу, не поверили своим глазам – город был засыпан снегом. Резвились только местные жители, ибо мы понимали, что возникнут проблемы. Так и случилось: движение было парализовано, транспорт не ходил, город замер.

К вечеру некоторые машины стали передвигаться, но о том, чтобы подняться на гору, к нам в отель, не могло быть и речи. Таким образом, день и последующую ночь мы просидели в отеле.

Язд

В этот город мы отправились на следующее утро. При подъезде к Язду нас ждала еще одна неприятность – очередные массовые протесты, из-за которых были закрыты некоторые достопримечательности, базар и магазины. И все же удалось посетить исторические места города. Побывали мы в Пятничной соборной мечети XII века, ее 52-метровые минареты – самые высокие в Иране.

Наиболее старые и интересные постройки Язда примыкают к мечети. Бесконечные лабиринты старых глиняных домов и улиц в первозданном виде сохранились на протяжении столетий. Здесь, как и раньше, течет жизнь. Две женщины, одетые в черное, прошли в низкую дверь. Как выяснилось, они направлялись к захоронению какого-то мусульманского праведника. Рядом – хостел, жилые дома, рестораны, даже арт-мастерские, и все это в глиняных постройках. Погуляв по улицам этого района, я понял, что не смог бы самостоятельно найти выход оттуда.

Здесь же находится зороастрийский храм. Огонь, который там поддерживается, не угасает. Для этого установлено дежурство их священнослужителей. За большим стеклом, отделяющим алтарь от той части храма, где могут находиться прихожане, мы наблюдали, как священник, одетый во все белое и имеющий повязку на лице, как у хирурга, подкладывал дрова и следил за огнем. Повязка же была ему необходима, чтобы дыханием не осквернить огонь.

Еще одно место, которое производит особенное впечатление, – кладбище зороастрийцев, или так называемые «Башни молчания». Пустынное место, где возвышаются эти самые башни. Внизу – многочисленные постройки. Дело в том, что у зороастрийцев не принято хоронить тела в земле, чтобы не осквернить ее. Похоронами занимаются определенные люди – «насасалары» (могильщики), передающие свое мрачное ремесло из поколения в поколение. Вот эти люди и жили близ башен в оборудованных для них постройках, где было все необходимое. Когда подъезжали похоронные процессии, эти служители несли покойного на вершину башни, где и укладывали его на ровной поверхности. Захоронений было очень много. Уничтожали трупы орлы и грифы.

Так было до семидесятых годов XX столетия, пока не произошла исламизация населения. Зороастрийцев осталось немного, хоронить на башнях уже перестали. В результате грифы погибли, лишившись питания, к которому привыкли за столетия. Сегодня зороастрийцы хоронят умерших рядом с этим местом, на выделенном кладбище, в бетонных могилах, так чтобы тело не соприкасалось с землей.

Исфахан

Исфахан – очень красивый город с множеством мечетей и музеев. В одном из комплексов расположен духовный центр, включающий медресе (учебное заведение для будущих исламских служителей), фонтан с плавающими рыбами, летние и зимние мечети.

Мы оказались у стены, где было множество арочных дверей. Проходивший мимо человек предложил нам зайти в одну из них, туда, где находился мулла, и, если будет желание, с ним пообщаться. Сразу возникла аналогия с нашими дежурными священниками в храмах. Такую возможность упускать не хотелось. Разувшись перед входом, мы вошли и попали в небольшое пространство, устланное коврами. Там уже сидели посетители – несколько иностранных туристов. Присоединившись к ним и представившись мулле, мы услышали, как он продолжил, по всей видимости, недавно начатый рассказ об истории мечети. Далее последовали общепринятые шаблонные фразы, которые бывают при первой встрече: о мире и согласии во всем мире, о добросердечности народа и любви к иностранцам. Но надо заметить, что даже такое поверхностное знакомство вызвало симпатию к этому представителю ислама. После общения с ним, выйдя во двор, мы увидели приготовленный для нас поднос с чаем и сладостями.

Я пристально наблюдал за представителями исламского духовенства, их поведением, манерами, умением держаться. Даже походка у этих людей была не как у всех прочих. «Походка» в данном случае, наверное, неуместное слово, правильнее сказать, это была поступь. В движениях – степенность, нет ничего лишнего. Возможно, поэтому их одежда смотрится на них органично. Все это приковывает к ним взгляды.

Армянский квартал

В Исфахане проживает много евреев и армян. Евреи живут достаточно стесненно, их кварталы бедны и находятся не в лучших районах. А вот об армянском квартале стоит рассказать более подробно.

Такого ухоженного квартала мы не встретили во всем городе. Было понятно, что далеко не бедные люди здесь проживают и всячески его облагораживают. В центре расположена небольшая красивая площадь, посреди которой установлен памятник какому-то представителю Армянской Церкви, возможно, святому Григорию, просветителю Армении. Улицы вымощены красивой брусчаткой, всюду маленькие магазины, лавки, кафе, где подают замечательно сваренный кофе. Иранцы к кофе равнодушны и потому делать его не умеют.

Главной архитектурной доминантой был храмовый комплекс, включающий в себя старинный храм, музей и различные служебные постройки. Честно говоря, обилие мечетей, несмотря на их красоту, все-таки вызвало желание увидеть христианский храм. Армянский храм был великолепен. Он изобиловал богатыми древними росписями и был совсем не похож на привычные для нас армянские храмы, практически лишенные росписей и фресок. Хотелось подольше оставаться под его сводами, но нас уже ждал автобус.

А еще в армянском квартале, вопреки законам, жители делают домашнее вино и гонят армянский самогон из тутовника. Почему я об этом вспомнил? Потому что в течение всего пребывания в Иране за обедом и ужином в качестве аперитива, основного напитка и дижестива нам предлагали на выбор айран или лимонад. При всей любви к айрану, могу сказать, что выпито его за время поездки было столько, что это уже вызывало отторжение. Вся наша небольшая группа изъявила желание попробовать местную алкогольную продукцию. Переговоры на этот счет, а затем и доставка напитков были похожи на выполнение какого то секретного спецзадания, которое можно сравнить с доставкой стратегически важных документов в штаб через территорию врага. Под покровом темноты состоялась дегустация напитка в нашем гостиничном номере с зашторенными окнами и наглухо закрытыми дверями. Создалось впечатление, что мы на выпускном вечере, где повсюду родители и учителя, а мы – вчерашние школьники, начавшие уже взрослеть.

Базары Ирана – место, где можно находиться часами, не замечая времени. Калейдоскоп ковров ручной работы, лазурных тарелок и ваз, расписанных вручную, изделий из кожи и бирюзы, которую добывают в стране, и, конечно, сладости, всевозможные орехи и разные вкусности. Проходя по базару, можно пробовать все бесконечно, а потому часто, попадая в пространство рынка, мы с удовольствием угощались предлагаемой снедью, так что уходили сытыми. Но так как по программе у нас были завтрак, обед и ужин, мы все равно шли кушать по расписанию. Ели ожесточенно много, все запивая айраном. Как результат домой вместе с сувенирной продукцией привезли еще и лишние килограммы.

Шираз

Город, на мой взгляд, самый интересный в плане исторической значимости. Побывали мы у гробницы царя Кира. Историки повествуют, что при завоевании Персии Александр Македонский оставил нетронутой могилу великого персидского царя. Так она сохранилась до сего дня.

Но самое грандиозное — это Персеполис, бывший персидский город, в центре которого располагался дворцовый комплекс. Город, конечно, стерт с лица земли, а вот руины дворца до сих пор приводят посетителей в восторг. Надо отметить, что Персия располагалась на месте, где некогда был Вавилон, а потому его архитектура и часть культурного наследия отражены во многом и в персидской культуре. Вавилонский и ассирийский языки практически идентичны, мифы и божества весьма схожи. Поэтому, когда я увидел крылатых быков с головами бородатых мужей (шеду) у входа во дворец персидского царя, мои ассирийские гены восторжествовали. К слову, такие быки найдены во дворцах ассирийского царя Ашшурбанапала и вавилонского правителя Навуходоносора. Они также ныне украшают известные музеи в Париже, Нью-Йорке и других городах мира. Но тут мы увидели их, что называется, в естественных условиях, выполняющими свое предназначение. Все сохранившиеся надписи представлены на трех языках — эламском, вавилонском и персидском. Мы провели среди остатков дворца продолжительное время, встретили закат и сделали хорошие фотографии.

Трудно охарактеризовать людей, когда находишься в стране меньше десяти дней. Но в целом об иранцах можно говорить как о красивом народе, который воспевали в стихах даже наши поэты. Несколько раз встречались девушки и юноши с голубыми глазами. Необыкновенно красивое сочетание смуглой кожи с небесными очами. Люди очень общительны. Достаточно зайти в ресторан или кафе, и тут же завязывается разговор. Однажды случилось выпить чая и отдохнуть в уличном кафе, и группа молодых людей, узнав, что мы из России, молниеносно призналось в любви и уважении к нашему президенту. Далее, показав свою осведомленность во всех политических перипетиях, они изложили план мирного урегулирования на всех континентах.

Подошел вечер последнего дня пребывания в Иране. Вот и закончилось наше путешествие в страну жестких законов и очень добрых людей...

Чеховский Баденвайлер

Последнее пристанище

С творчеством Антона Павловича Чехова я познакомился в школьной юности. Он один из немногих писателей, произведения которых я воспринимал в то время. Чехов родился в Таганроге. Город этот вообще богат на талантливых людей. С ним связаны имена таких выдающихся людей, как блистательная Фаина Раневская, поэт-песенник Михаил Танич, режиссер Сергей Бондарчук, советский космонавт Юрий Малышев. И это всего лишь малая часть «звездного состава».

Как и у каждого города с историей, у Таганрога есть город-побратим – южный немецкий Баденвайлер, который непосредственно связан с Чеховым: там провел свои последние дни и скончался великий русский классик. В течение длительного времени дружеские связи между этими городами поддерживаются непрерывно. Делегации с той и другой стороны приезжают из года в год. Разница лишь в том, что жители Таганрога спокойно относятся к информации о прибытии немецких гостей в памятные дни. Возможно, потому, что город достаточно большой. А вот для немцев визит русских – значимое событие. И это объясняется просто: в Баденвайлере проживают чуть более трех с половиной тысяч человек, и прибытие русских всегда бывает весьма ярким и зрелищным, что немцам очень нравится.

Побывать в этом немецком городке мне посчастливилось не раз. Однажды, неожиданно для меня, я был включен в группу, отправляющуюся туда с культурной программой. В состав делегации вошли муниципальный хор Таганрога, представители администрации города, министерства культуры области, журналисты. Ехали мы участвовать в Чеховских днях в Баденвайлере. Затем еще два года подряд я входил в состав делегаций и в одной из поездок сопровождал архиепископа Ростовского и Новочеркасского Пантелеимона (Долганова). Мы же в свою очередь принимали участие в организации встречи немцев во время их ответных визитов.

В этой поездке я открыл для себя Германию. Ранее она не представляла особого интереса для меня, сам не знаю почему...

Юг Германии граничит с Францией и Швейцарией. В этих местностях коренные жители и приезжие поправляют свое здоровье, так как там расположены здравницы, такие же популярные, как для России – Кавказские Минеральные Воды. Там же находится Шварцвальдский лес. Мои познания о Шварцвальде ранее были связаны лишь с нашими кондитерскими, где продавались торты «Шварцвальдская вишня». Этот лес – настоящее достояние юга Германии, воздух насыщен свежестью зелени, им хочется не дышать, а пить его. Потрясающе обустроены термы – целый комплекс водолечебниц, где всегда людно. В основном там отдыхают пожилые люди. И конечно, как во всяком европейском городе, даже таком небольшом, как Баденвайлер, здесь есть парки, замки, музеи, спортивные комплексы и масса отелей.

Мы прибыли туда под вечер. Нашу делегацию встретил бургомистр Баденвайлера господин Энглер – высокий, подтянутый, со вкусом одетый и с неизменной улыбкой. Он приветствовал нас за легким фуршетом. Надо сказать, что в город мы прибыли голодные как волки, так как из франкфуртского аэропорта долго добирались до места. Поэтому несколько бокалов шампанского на голодный желудок сделали свое дело. Группа начала думать о том, как бы вечер не прошел впустую...

Гостиница оказалась очень домашней. Три звезды в Европе – это весьма сносный отель (все знают, что только в Турции трехзвездочный отель можно сравнивать с приютом для бездомных). Почти все балконы отеля выходят на сторону леса, что позволяет ощутить звенящую тишину, невероятный воздух, который можно вдыхать большими глотками. Изредка можно было услышать тихо звучащую немецкую речь. Почему тихо? Потому что в маленьком немецком санаторном городке, где много пожилых отдыхающих, необходим покой. Но... Было одно «но»: наша немаленькая группа включала певчих хора, операторов, больших начальников и не очень... И все мы к тишине особенно не были готовы.

Нам представили программу на все дни пребывания. На следующий день бургомистр должен был принимать нас у себя в ратуше. Утром все прибывшие собрались в холле гостиницы. Хозяева отеля – пара в возрасте – представили нам профессора Фрайбургского университета Хайнца Зетцера. Он – основатель литературного музея «Чеховский салон» в Баденвайлере, Чеховед с большой буквы, невероятно общительный, немного говорящий по-русски, душа компании. Вместе с ним мы пешком отправились к бургомистру – городская администрация располагалась в квартале от отеля. Господин Энглер встретил нас и повел в свой кабинет, который, по нашим представлениям, оказался более чем демократичным – икеевская мебель, белые стены и ни намека на статусность, что так привычно для российских чиновников. Единственным ярким пятном, привлекающим внимание, была картина, висевшая за спиной бургомистра. Трудно было понять, что на ней изображено, но явно не один килограмм цветной краски был выложен художником на полотно и распределен по поверхности шпателем. Одним словом, современное искусство, или «художник так видит». И все же картина привносила некий цветной креатив в сдержанную обстановку однотонного кабинета.

После краткой приветственной речи мы отправились смотреть знаковые места города. Непосредственно к мэрии примыкает здание бывшей гостиницы «Зоммер» (ныне реабилитационная клиника). Выступающий балкон с портретом Чехова на нем и барельефом чайки говорил сам за себя.

Именно в этом номере с балконом умер писатель. Сейчас там, как и раньше, живут люди. Нам сказали, что реабилитацию в клинике проходят онкобольные и пациенты с заболеваниями легких. Удивительно, но там совершенно не ощущается присутствие болезни. Никаких полосатых пижам, больничных запахов, к которым мы так привыкли. Более того, на первом этаже здания имеется большой банкетный зал с хрустальными люстрами и дизайнерской мебелью, где проходят важные городские и частные мероприятия, такие как юбилеи или свадьбы.

В этот же день профессор Хайнц показал нам свое детище — салон Чехова. Это довольно просторное здание недалеко от курортного парка как будто сделано целиком из стекла. Благодаря трудам профессора и его единомышленников салон удалось сделать визитной карточкой города.

Во всем чувствуется любовь к Чехову. Фотографии, личные вещи писателя, афиши, письма, газетные вырезки, прижизненные книжные издания и многое другое — все это свидетельствует о большой поисковой работе немецких чеховедов. Со временем их труды заметили и в Фонде культуры Германии, и в России. Это позволило вывести Баденвайлер на уровень Чеховского культурного центра в Германии. И как результат, там ежегодно проходят Чеховские дни с масштабными мероприятиями.

Нам рассказали, что несколько лет назад здесь побывал МХАТ. Ведущие актеры театра показали спектакли «Вишневый сад» и «Чайка», собравшие массу зрителей. Узнав об этом, мы пожалели, что эта традиция не ежегодная. Увидеть мастеров русской сцены в чеховском Баденвайлере — это настоящее событие.

Солнце клонилось к закату, мы проголодались, и наши немцы организовали русской делегации прием в одном из деревенских ресторанчиков. Умения создавать атмосферу у немцев не отнять! Дворик ресторана самобытно украшен:

сено, телега, сезонные фрукты в ящиках. Помещение, где мы расположились, напоминало казачий курень. Неровная побелка на стенах, декор, соответствующий региону, дубовая мебель и вкусная еда. Потребовалось немного времени, чтобы освоиться.

После тостов о дружбе народов немцы запели свои песни, что позволило глубже погрузиться в атмосферу. Потом полились песни в исполнении наших. Громко, с удалью и профессионализмом звучали русские и казачьи песни. Немцы ударились в пляс, не забывая при этом поднимать бокалы. В завершение вечера подали большой торт, пропитанный местным крепким алкоголем настолько, что удалось съесть всего маленький кусочек.

Наутро вечерний праздник ярко был представлен на лицах, особенно у немецкой стороны. Наши выглядели бодро, успели позавтракать и ждали коллег в холле. Те опаздывали, что им несвойственно, и мы поняли, что утренний подъем дался немцам непросто.

Предстояла интересная поездка на местный винный завод. Я не мог предположить, что экскурсия будет такой увлекательной. Баденвайлер входит в особый регион, где производят вина. Завод, который мы посетили, оказался практически безлюдным. Нам рассказали о технологии изготовления, видах вин, а затем мы увидели сам процесс. Огромное помещение, в котором происходит бутилирование алкоголя, было стерильно чистым. Весь процесс совершался автоматически, и внутри находились лишь трое рабочих, следивших за производством. Мы получили по бутылке вина, выпущенного к Чеховским дням. На этикетке – портрет писателя и его фамилия, написанная большими золотыми буквами. Такое вино выпускают малым тиражом раз в году, и оно популярно среди коллекционеров. Таким образом, даже в алкогольном производстве Германия популяризирует имя великого русского классика.

На следующий день, согласно программе, мы должны были побывать на мусороперерабатывающем комбинате и ознакомиться с процессом. Не сомневаюсь, что это было небезынтересно, но я решил посвятить это время более детальному знакомству с городом.

Немецкая дисциплина

Я гулял по городу, дышал свежим воздухом, беспрерывно улыбался местным жителям, которые здороваются с каждым встречным. Около одного из домов сделал остановку. Милый домик, небольшой сад, усаженный розами, карликовыми деревьями с клетками для птиц на ветвях. Пока я осматривал дом с садом, обходя вокруг, взгляд упал на забор. Хотя «забор» — слово неподходящее. Заборы в Баденвайлере — чисто символические, не выше наших кладбищенских оград. Так вот, на этом заборе сидел очаровательный кот с явно выраженным гепатозом печени. Но это его совсем не портило. Гладкая густая шерсть, как у байкальской нерпы, вызывала желание его погладить. Что удивительно, немецкие коты так же дисциплинированны, как и их хозяева. Желания покинуть границы хозяйского забора у этого кота не было. Я подошел к нему, он в состоянии медитации продолжал сидеть на своем месте. Обращение к нему по-русски «кис-кис» не дало результатов. Как узнал позже, немецкие коты реагируют на призыв «миц-миц». Искушение погладить его взяло надо мной верх. Он благосклонно принял мое умиление и позволил мне это сделать. Осмотревшись по сторонам и поняв, что поблизости никого нет)), я взял его на руки. Как только это было сделано, кот стал истерически орать и неистово вырываться, будто его хотели посадить на электрический стул. Руки разжались, и он грациозно, насколько позволял ему вес, рухнул к моим ногам. Тут же истерика прекратилась, и кот мгновенно метнулся к забору, заняв свою каноническую территорию.

Придя в отель, я поделился впечатлениями от этой встречи с немецкими коллегами, и они мне сказали, что это поведение – норма для животных. Видимо, дисциплина у них в крови. Удивительный приятный факт – там нет бездомных животных, у каждого есть свой дом и хозяин, который его любит и заботится о нем.

Немного о собаках

Хозяева отеля, в котором мы жили, были необычайно работоспособны. Муж и жена лет шестидесяти заполняли своим присутствием все пространство отеля, в котором работали в основном молодые люди из России, Украины и Польши. Для ребят это была возможность оттачивать свой немецкий и немного подзаработать. Для хозяев отеля тоже была своя выгода – иностранцам можно было платить несколько меньше, чем немцам. В общем, все были довольны своим положением. Но за молодыми нужен был зоркий немецкий глаз, который бы видел недостатки и недочеты в работе. А поскольку хозяев было двое, то за славянской молодежью наблюдали аж четыре зорких и пытливых глаза. Владельцы приезжали в отель — страшно сказать! — в пять часов утра. Он садился за калькулятор, она шла в столовую, чтобы контролировать процесс приготовления завтрака для гостей. Паркуя авто возле своего отеля, они всегда оставляли открытым багажник. Естественно, нам было интересно, почему багажник был открытым до девяти часов утра. Оказалось, что они привозили на работу свою собаку. Но так как собака была менее трудолюбива, чем ее хозяева, то она досыпала до времени нормального подъема в багажнике, а затем, выспавшаяся и свежая, вылезала из машины, шла на завтрак и потом лежала весь день в холле. Она была неотъемлемой частью отеля, так сказать, талисманом. Затем в районе одиннадцати вечера все втроем грузились в авто и отправлялись на отдых домой...

В один из дней, прогуливаясь в одиночестве, вдалеке я заметил милейшего спаниеля. Видимо, он был молод и полон сил и потому носился по улице, обходя свои деревца. Собака была в ошейнике, но без хозяина. На улице, кроме меня и спаниеля, никого не было. Он остановился и озорно на меня посмотрел. От представившейся возможности потрепать за ухо этого пса отказаться было сложно. Я присел на корточки, протянул к нему руки и позвал. Ему явно было одиноко, и он ждал нового знакомства. Сорвавшись со своего места, спаниель помчался во весь опор по направлению ко мне, только уши развевались на ветру. Я уже предвкушал, как запущу руку в его ухоженную шерстку, а он в ответ будет тянуться к моему лицу, чтобы лизнуть в знак знакомства. Оставалось совсем немного метров до того, как мы планировали встретиться, но вдруг в оглушающей тишине раздался нечеловеческий, леденящий душу крик, который привел нас обоих в ужас. Мои ладони взмокли. Спаниель виновато пригнулся и посмотрел в сторону, откуда продолжал доноситься вопль. Через минуту показалась хозяйка спаниеля, которая пыталась бежать, насколько позволял ее преклонный возраст. Она сотрясала руками, в которых был поводок, и злобно высказывала свое недовольство.

Пес, понимая по-немецки больше меня, с ее приближением вжимался в землю все больше, пытаясь исчезнуть. Я без надежды на спасение ждал развязки. Старуха, с трудом сдерживая губами свои зубные протезы, чтобы в порыве негодования не выплюнуть их на меня, подошла вплотную ко мне, зловеще прошептала мне что-то, зыркнула бесцветными, полинявшими от времени глазами и пошла пристегивать спаниеля, который, вопреки немецким правилам, на нервной почве успел освободить желудок, причем на пешеходной зоне. Старуха мгновенно достала пакет, сунула в него отходы жизнедеятельности собаки и, не переставая возмущаться, поковыляла с питомцем своей дорогой.

Придя в себя и вернувшись к нашим немцам, я рассказал им о случившемся. Их не удивил мой рассказ. Дело в том, что, по их законам, если бы собака меня укусила, то хозяева были бы в неоплатном долгу передо мной. Поэтому даже владельцы кошек не приветствуют, чтобы их питомцев трогали. Мало ли что...

Мое присутствие в Баденвайлере в эти дни вовсе не было праздным. Наш профессор-чеховед сообщил, что школьники из города Штутгарта, изучающие русский язык, хотят со мной встретиться. Не раздумывая, я принял предложение. Встреча проходила в «Чеховском салоне» Баденвайлера, ребята прибыли на школьном автобусе вместе с преподавателем. Многие из них оказались детьми тех немцев из Поволжья и Казахстана, которые решили продолжить жизнь на исторической родине. Многие говорили сносно на русском, но для них была поставлена задача как можно чаще общаться с носителями языка. Ребят было чуть более двадцати человек, каждый из них, подходя ко мне и пожимая руку, представлялся. В отличие от наших школьников, с которыми мне приходилось встречаться, немецкие поражают своей открытостью и коммуникабельностью. Наших ребят, вследствие их зажатости, надо сначала «раскачать», поговорить с ними, дать освоиться. Эти же, напротив, вступают в диалог с самого начала. О чем говорили? О русской литературе. Многие из них на момент встречи были знакомы с творчеством Толстого, Достоевского, Чехова, делились впечатлениями от прочтения романа «Преступление и наказание» (герой романа Раскольников явно имел успех у молодых людей, так как его внутреннее преображение и честность, несмотря на преступление, вызывали симпатию у детей, которые приучены размышлять над прочитанным). Им интересны были образы героев наших классиков, таких разных и противоречивых. Говорили о жизни Русской Церкви, ее таинствах, обрядах, устройстве.

Эта встреча стала для меня откровением. Не знаю, какую пользу ребята получили от общения со мной, но уверенно скажу, что общение с ними обогатило меня. Ведь опыт диалога с молодыми и жадными до знаний людьми всегда полезен.

Ярким событием для меня стало заупокойное богослужение по Антону Павловичу. У памятного камня, установленного в городе, собралось много народу, прибыли гости из близлежащих городов. За время панихиды мысли сменяли одна другую. Чувство благодарности к немцам не покидало меня – они сумели создать особую «чеховскую» атмосферу в городе, где так недолго перед своей кончиной пожил писатель. Их трепетное отношение к нашему классику выражено во всем. Этими мыслями я и поделился с присутствующими по окончании богослужения.

Было много мероприятий, в которых мы принимали участие. В Баден-Бадене таганрогский хор имел успех, на его выступлениях побывали многочисленные зрители. Этот курортный город буквально пропитан русским духом. Да и как иначе, если Баден-Баден столько лет привлекал русских дворян, писателей, аристократов? Практически в каждом магазине говорят по-русски.

Случилось побывать рядом со знаковым местом города – казино. Кого только не видывали стены этого легендарного игорного заведения! Толстой, Достоевский, Тургенев... Список бесконечен. Пройти мимо казино у меня не хватило сил. Был полдень, казино еще не работало, но было открыто. Я уверенно вошел в холл. Мужчины в смокингах опешили и смотрели на меня не мигая. Уверен, что они видели множество людей, но человека в подряснике встретили, видимо, впервые. Придя в себя, двое из них бросились ко мне объяснять, что в таком виде находиться в заведении недопустимо, к тому же казино еще не открыто. Нашелся один, кто говорил по-русски. Узнав, что я из России и хотел бы просто посмотреть место, в котором проматывали свои деньги наши классики и в атмосфере которого рождены некоторые их произведения (где описано именно это казино), молодые люди отнеслись с пониманием к моей просьбе – проводили в несколько помещений, где проходила игра. Побывав там, я с легкостью смог представить себе игравших за этими столами классиков и по прибытии домой на одном дыхании перечитал роман Достоевского «Игрок».

В Бадене-Бадене мы также познакомились с неутомимой энтузиасткой, организатором Тургеневского общества Ренатой Эфферн. Она невероятно предана своему делу. Она не жалела ярких красок, стараясь передать атмосферу и характеры тех людей, о которых рассказывала.

Владыка Пантелеимон в гостях у Чехова

Был юбилейный год писателя. Снова делегации, гости... В этот раз масштаб мероприятий был особенно значителен. В состав ростовской делегации вошел архиепископ Ростовский и Новочеркасский Пантелеимон (Долганов). Именно в этой поездке мне удалось увидеть в нем совершенно другого человека, нежели того, которого я знал доселе пятнадцать лет. Давать характеристики иерархам Церкви – дело неблагодарное, но попробую очень осторожно. Из его недостатков могу указать лишь один, и поверьте, для крупного руководителя иметь один недостаток – скорее положительное качество, чем отрицательное. Этот недостаток заключался в том, что ему непросто давалось в точности передать свою мысль, оттого его проповеди звучали утомительно долго, но не потому, что нечего было сказать, а потому, что одна мысль вытеснялась другой, затем третьей – и закончить начатую речь не представлялось возможным. Я бы назвал это явление «синдромом Черномырдина». Но как нельзя отказать в светлых и здравых мыслях политику, так нельзя отказать в этом и владыке.

В нем было то, что, к сожалению, отсутствует во многих из нас, – он никогда не принимал скоропалительных решений сгоряча, на эмоциях. Вообще эмоции – это не про него. Если они и проявлялись, то крайне редко. А вот решения, особенно те, которые были судьбоносными для подчиненных, он тщательно обдумывал, прежде чем окончательно на чем-то остановиться. Возможно, это присуще старшему поколению архиереев, которые имели большой опыт и привыкли не полагаться на первые впечатления.

Когда мы прибыли с ним в Баденвайлер и снова увидели чайку на стене пансиона, мне пришла в голову мысль, что к Чехову в гости прибыл архиерей из одноименного произведения писателя. Владыка раскрылся для меня по-новому. Ранее я видел его лишь архиереем, главой епархии. Но тут ведь он тоже попал в непривычную для себя среду, где обстановка предельно демократичная.

Возможно, это доставило ему дискомфорт в самом начале, но затем он органично влился в массу очень разных людей. Наверное, единственным казусом была встреча, которая неприятно впечатлила архипастыря. На одном из мероприятий к нам подошел мужчина в рваных джинсах, клетчатой рубашке и сомбреро. Создалось впечатление, что некий ковбой только что покинул свое ранчо, и сразу – на чеховский праздник. Так вот, этот человек стал приветствовать присутствующих. Подойдя к владыке, он пожал ему руку, архиерей тепло ему ответил и улыбнулся, что было высшим знаком его благорасположения. Ведь за рубежом за рваными джинсами и мятой рубашкой мог скрываться бургомистр или кто угодно в этом роде. Немец начал что-то доверительно говорить русскому архипастырю, включились в разговор переводчики. По мере того как они переводили, улыбка с лица владыки медленно сползала, пока не исчезла вовсе. Оказалось, что собеседник поведал ему, что незадолго до сегодняшнего дня он был священником, потом решил оставить сан и жениться. Теперь они путешествуют с женой и, узнав о празднике, решили его посетить, прибыв из соседнего Фрайбурга.

В этот раз, как уже было сказано, все было намного масштабнее. В день главного мероприятия в Баденвайлер прибыли министр культуры Германии, посол России в Германии, множество статусных особ как из России, так и местных.

Высокое собрание разместилось в городской кирхе (это огромное стеклянно-кирпичное сооружение с просторным залом). Лишь свисающая скульптура, чем-то отдаленно напоминающая крест с Распятием, свидетельствовала о религиозном назначении здания. Слова, речи, концерт, аплодисменты, фуршет – так прошел день, посвященный Чехову.

Потом были тихие вечера у отеля, за местными легкими винами мы слушали многочисленные истории архиепископа Пантелеимона об армейской службе в Германии, о его церковном пути, о служении в Иерусалиме... Все это было очень интересно, особенно период его жизни в Израиле. В то время дипломатических отношений у СССР и Израиля практически не было, и одним из немногих связующих звеньев был начальник Русской миссии в Иерусалиме. Поэтому удалось окунуться в многосложные и многоходовые партии, в которых необходимо было участвовать в том числе и начальнику миссии.

Барон Дантес

Еще одним памятным событием стала поездка во французский город Сульц. Это регион Эльзас. Маленький городок с населением не более восьми тысяч человек, но с богатой историей.

Прибытие на территорию Франции прошло незаметно, поскольку не было никаких границ, блокпостов и штампов в документах, ибо Франция, как и Германия, входит в список стран Шенгенского соглашения. Владыка устал от ритма мероприятий и пропустил мимо внимания, что мы в другой стране. В дороге он вздремнул, как и многие путники. Наконец мы прибыли. Нас встречали на площади бургомистр, священник и потомок барона Дантеса (он нисколько не был похож на своего предка, скорее напоминал электрика, но тем не менее – барон). Мое внимание привлек католический священник, стоявший в идеально выглаженной сутане на фоне храма XVI века, где он был настоятелем. Издалека мне показалось, что ему немногим более двадцати лет, но по мере приближения к нам он казался мне все старше и старше. Священник представился и назвал свое имя – Стефан.

В дальнейшем мы научили его откликаться на имя Степан, и это пришлось ему по вкусу. Кстати, о возрасте. Ему на момент нашей встречи было 48 лет... Человек энциклопедических знаний, защитил научную работу по творчеству Достоевского и получил ученую степень. Отец Степан сопровождал нас весь этот насыщенный день.

Именно в этом городе Сульце жил и скончался барон Дантес. Ранее о нем я знал лишь то, что он убил Пушкина. Здесь же барон Дантес открывался в полной мере своих талантов. Странное дело, но визитной карточкой маленького Сульца является Пушкин. Хотя это нелогично, но в замке Дантеса, где располагаются отель, музей и многое другое, наряду с портретами хозяина висят портреты великого русского писателя. Нас повели в музей, где сохранились обстановка и мебель тех времен. Группа оживилась, когда мы вошли в спальню Екатерины Гончаровой, жены Дантеса. Особенное оживление экскурсантов вызвала кровать баронессы. Некоторые из нашей группы прилегли на ложе. Те, кому не хватило лежачих мест, присели. Я стоял рядом с владыкой Пантелеимоном, не трогаясь с места. Кто знает, возможно, если бы его не было рядом, я бы тоже присел на край этой кровати. Хотя до сих пор не понимаю, что двигало теми, кто на ней оказался... После мы побывали на кладбище, где упокоились Жорж Шарль Дантес и его многочисленные родственники.

К вечеру состоялся официальный прием в замке барона. Хрусталь, изысканная сервировка, официанты в смокингах, невероятно красиво оформленные блюда. Тосты звучали один за другим. В числе первых говорил наш архипастырь. То ли заданный хозяевами темп мероприятий утомил его, то ли его сбили везде присутствующие портреты Пушкина, но начало его тоста заставило французскую сторону немного насторожиться. Владыка заговорил о великом русском поэте, жизнь которого была вероломно прервана Дантесом. Тогда, набравшись смелости и нарушая все приличия, я встал и очень тихо сообщил ему, что мы сейчас находимся во дворце того самого Дантеса, и сидящим здесь людям он очень дорог. В тот же момент архипастырь перестроил речь в нужном направлении, и далее все продолжилось по плану.

Вечер шел, и конца ему не предвиделось. С нами был молодой человек – один из переводчиков. Наш католический священник предложил поехать к нему домой, хотя бы ненадолго. Если честно, мне очень хотелось побывать у отца Степана, тем более что он жил в доме, который был ровесником древнего храма. К тому времени все встали из-за стола, поэтому нам удалось покинуть зал незаметно, по-английски. В компании с переводчиком мы поехали к площади, где стоял храм, а напротив него – небольшой замок, это и был дом священника. Винтовая каменная лестница вела на верхний и в подвальный этажи. Мебель в комнатах соответствовала старинному дому – раритетная, тяжелая, резная. Отец Степан предложил осмотреть подвал, и по этой лестнице мы спустились к железной двери. Когда хозяин дома открыл ее, мы не смогли сдержать восхищения. Это оказался винный погреб. Чего там только не было! Сам священник знал о винах все — не хуже дипломированного сомелье. Выбрав пару бутылок, мы поднялись в гостиную и там при свечах пили вино и слушали из уст отца Степана рассказ о творчестве Достоевского. Мне казалось, что, прочитав основные произведения Федора Михайловича, я могу рассуждать о его творчестве непринужденно, но мой католический коллега разрушил это ошибочное мнение, поскольку был очень хорошо осведомлен о творчестве писателя и знал мельчайшие подробности из его жизни. Мне только оставалось увлеченно слушать его. На прощание отец Степан подарил нам два ящика различных вин, среди которых были очень старые. Вернувшись в замок Дантеса, мы поняли, что никто не заметил нашего исчезновения. Наконец мы попрощались с гостеприимными французами и отправились в Баденвайлер. Я не забыл прихватить подаренное вино, которое за несколько дней было выпито нашей группой.

Мелодия для Бога

Конечно, было много эпизодов, о которых стоило бы рассказать. Но все же, если бы меня спросили, какое впечатление стало самым запомнившимся и сильным за время моего пребывания в Баденвайлере, я, не задумываясь, рассказал бы следующее.

В этом городе есть старинный католический храм. Случилось мне как-то, проходя мимо, зайти в него. К слову, это был тот самый храм, где некоторое время находилось тело Чехова после его смерти (так как православной церкви там нет). Так вот, я вошел внутрь, там никого не было, и мне захотелось просто посидеть и послушать звенящую церковную тишину, которая бывает в пустых храмах. Не помню, как долго там находился. В какое-то мгновение я услышал, что в храм зашел какой-то человек. Пройдя мимо и заметив меня, он кивком поздоровался и положил на лавку саквояж. Это был мужчина лет пятидесяти, он бережно раскрыл саквояж и извлек оттуда флейту. Он сел немного поодаль и о чем-то сосредоточенно размышлял, не обращая на меня ни малейшего внимания. Я же не спускал с него глаз, ведь было очень интересно, зачем он держит в руках флейту и что будет дальше. Прошло немного времени, мужчина поднялся и подошел к одной из картин, изображающих Страсти Христовы. Эти картины были размещены по периметру всего храма. Он смотрел на изображение и, казалось, был отрешен от всего, что есть на земле. Мне до последнего мгновения казалось, что играть на флейте он не станет... Но он заиграл. Очень сложно передать то чувство, которое я ощутил во время этой игры. Было ясно, что играет не любитель, а профессионал. Мастер извлекал невероятные звуки, которые выстраивались в прекрасную мелодию. Сыграв у одного изображения, он переходил к следующей картине и начинал играть уже другую мелодию. Я сидел совершенно потрясенный, боясь спугнуть внутреннее чувство, охватившее меня. Мужчина переходил от картины к картине и играл перед всеми изображениями. Когда он закончил, я не смог не высказать своего восхищения, встал перед ним и сказал: «Браво!» Он смутился, приложил палец к губам, спешно собрался и ушел. Долго не выходило у меня из головы увиденное и услышанное...

Спустя некоторое время однажды на литургии я прочитал отрывок из Евангелия о талантах. Во время этого чтения меня посетила мысль, что человек, которого я встретил в Германии, был тем, о ком сказано в Писании. Наверное, он жил благодаря музыке. Может быть, преподавал начинающим музыкантам, а может быть, флейта была единственным его заработком. В любом случае это составляло его талант. То, что он мог делать хорошо. И этот его приход в храм, эта игра перед образом Создателя были неким приношением и молитвой ко Творцу.

Порой мы стесняемся своих даже маленьких дарований, скупясь на благодарность Богу. В случае же с тем человеком мне подумалось, что таким необычным для нас образом он благодарит Всевышнего за свой талант...

Об авторе

Протоиерей
Даниил Азизов

Протоиерей Даниил Азизов – этнический ассириец, настоятель Старо-Покровского храма г. Ростова-на-Дону, руководитель информационного отдела Ростовской епархии. Отец Даниил – автор многочисленных статей в православных СМИ, путешественник и собиратель «человеческих портретов».

Об издательстве

Издательство «Никея» работает для того, чтобы наши читатели стали счастливее, ощутили достоинство и глубину собственной личности. Психология, саморазвитие, семья, вера, наука, творчество — нам интересен мир во всем его многообразии. Мы обрели радость и полноту жизни в православии и открываем пути к духовному росту, осознанности и внутренней гармонии.

Наши книги помогут найти точку опоры, станут источником мотивации и вдохновения. Не бойтесь! Действуйте! Все получится!

www.nikeabooks.ru

Присоединяйтесь к нам в социальных сетях!
Интересные события, участие в жизни издательства, возможность личного общения, новые друзья!

www.facebook.com/nikeabooks
www.vk.com/nikeabooks
www.instagram.com/nikeabooks

Наши книги можно купить в интернет-магазине:
www.nikeabooks.ru

Мы будем благодарны вам за обратную связь:

- Расскажите нам о найденных ошибках или опечатках.
- Поделитесь своим мнением о наших книгах.
- Если вам нравится книга, которая еще не издавалась на русском языке или ее давно нет в продаже, пожалуйста, познакомьте нас с ней. В случае издания мы обязательно укажем в книге ваше имя и подарим экземпляр.

Пишите нам в редакцию по адресу: editor@nikeabooks.ru

Друзья!

Теперь все наши книги можно увидеть в книжном магазине издательства «Никея».

Здесь можно спокойно их полистать, ведь порой так важно подержать книгу в руках, прежде чем решиться на покупку.

А еще позволить себе выпить чашечку вкуснейшего кофе в уютном кафе.

И прогуляться в окрестностях нашего книжного по старым улочкам Москвы.

Счастье — это просто!

Также здесь можно получить заказы, сделанные в интернет-магазине nikeabooks.ru. Доставка бесплатна.

Надеемся, что теперь покупка наших изданий станет для вас еще проще и приятнее.

Адрес: *Москва, ул. Маросейка, д. 7/8, вход в красную дверь, код домофона 31в, 3-й этаж.*

Приходите! Будем рады!

Интернет-магазин

Все книги издательства «Никея» живут на сайте
nikeabooks.ru
Давайте знакомиться!

Мы предлагаем:

- приятные цены;
- удобную доставку, в том числе международную;
- комфортные способы оплаты;
- дружелюбный сервис.

Также на сайте вы найдете самую полную информацию о новинках, специальные акции и афишу мероприятий издательства «Никея».

Мы поделимся с вами радостью и вдохновением, присоединяйтесь!

МИЛОСЕРДИЕ
ПРАВОСЛАВНАЯ СЛУЖБА ПОМОЩИ

Помочь может каждый!

Служба помощи «Милосердие» действует по благословению Святейшего Патриарха Московского и всея Руси Кирилла и объединяет 25 социальных проектов и 3 благотворительные программы.

Служба «Милосердие» помогает детям, инвалидам, одиноким старикам, людям, оказавшимся в кризисной жизненной ситуации. Количество наших подопечных постоянно растет, за год служба помогает более чем 42 000 нуждающихся.

Деятельность службы «Милосердие» более чем на 70% осуществляется на пожертвования частных лиц.

Вы тоже можете помочь нашим подопечным, став Другом милосердия.

Узнайте подробности на сайте
www.друзьямилосердия.рф
Понемногу от многих – это спасает жизни!

УДК 821.161.1
ББК 84+86.372
А 35

Допущено к распространению
Издательским советом
Русской Православной Церкви
ИС Р22-124-0575

Азизов Даниил, протоиерей

А 35 Мелодия для Бога. О Церкви как о первой любви. — М.: Никея, 2022. — 208 с. — (Светлая проза).

ISBN 978-5-907457-70-6

Зарисовки протоиерея Даниила Азизова о Церкви и ее верных чадах, об исторической родине и традициях, паломничествах и путешествиях. Живые воспоминания священника, нашего современника, наполненные любовью к каждому мгновению — с нотками ностальгии и добрым юмором.

Автор обладает удивительным талантом собирателя «человеческих портретов», умением отличать настоящее от наносного, смотреть на мир и Церковь глазами романтика, а не прагматика.

УДК 821.161.1
ББК 84+86.372

ISBN 978-5-907457-70-6

© Азизов Д.С., 2022
© ООО ТД «Никея», 2022

Допущено к распространению
Издательским советом Русской Православной Церкви
ИС Р22-124-0575

Литературно-художественное издание

Серия «Светлая проза»

Даниил Азизов, протоиерей
МЕЛОДИЯ ДЛЯ БОГА
О Церкви как о первой любви

Ведущий редактор *Александра Голик*
Редактор *Мария Симонова*
Художник и дизайнер обложки *Антон Героев*
Верстка *Анны Савостьяновой*
Корректоры *Ольга Грецова, Любовь Федецкая*

ООО ТД «Никея»
Юридический адрес:
101000, г. Москва, ул. Маросейка, дом 7/8, стр. 1, 3-й этаж
www.nikeabooks.ru
Издательский отдел: editor@nikeabooks.ru
Для оптовых покупок: tradeteam@nikeabooks.ru
тел.: 8 (499) 110-17-68, 8 (499) 110-15-71

Подписано в печать 25.01.2022. Формат 84×108 1/32.
Бумага офсетная. Печ. л. 6,5. Заказ № 8779

ISBN 978-5-907457-70-6

Отпечатано в типографии ООО "ТДДС-Столица-8"
111024, г. Москва, шоссе Энтузиастов, д. 11А, корп. 1
www.capitalpress.ru

12+ Знак информационной продукции
(Федеральный закон № 436-ФЗ от 29.12.2010 г.)